Krishan Kumar

Algoritmos de Handoff Vertical para Seleção de Redes em Redes CR

Krishan Kumar

Algoritmos de Handoff Vertical para Seleção de Redes em Redes CR

ScienciaScripts

Imprint

Cover image: www.ingimage.com

This book is a translation from the original published under ISBN 978-620-2-07655-5.

Publisher:
Sciencia Scripts
is a trademark of
Dodo Books Indian Ocean Ltd. and OmniScriptum S.R.L publishing group

120 High Road, East Finchley, London, N2 9ED, United Kingdom
Str. Armeneasca 28/1, office 1, Chisinau MD-2012, Republic of Moldova, Europe
Printed at: see last page
ISBN: 978-620-7-93857-5

Índice

Prefácio

O objetivo deste livro de referência é apresentar o algoritmo de transferência vertical existente para as questões de gestão do espetro nas redes de rádio cognitivo (CR). O livro é adequado para os estudantes de pós-graduação e de investigação que estão a trabalhar no domínio das questões de gestão do espetro em redes CR.

A breve introdução do livro é a seguinte:

A investigação atual sobre redes sem fios heterogéneas centra-se principalmente na seleção sem descontinuidades da melhor rede de entre as disponíveis através da transferência vertical. A investigação no domínio das redes CR visa resolver o problema da escassez de espetro e da ineficiência na utilização do espetro através da transferência de espetro. Por conseguinte, as redes CR estão a merecer grande atenção da comunidade sem fios. As redes sem fios heterogéneas com redes CR são designadas por redes CR heterogéneas, que facilitam simultaneamente o acesso dinâmico ao espetro e a seleção da rede. As redes CR heterogéneas enfrentam múltiplos desafios, como a disponibilidade de espetro variável no tempo e no local, tipos heterogéneos de nós e a seleção da melhor rede de entre as redes disponíveis. Por conseguinte, o handoff vertical em redes CR heterogéneas é uma forma natural de responder a estes desafios. Estes tipos de desafios complexos raramente são explorados na comunidade de investigação. Este livro apresenta um levantamento exaustivo e classificações de algoritmos de transferência vertical de redes sem fios heterogéneas e a acreditação destes algoritmos de transferência vertical para a melhor seleção de redes em redes CR heterogéneas.

Ao escrever este livro, foram feitos todos os esforços para apresentar o material da forma mais fácil de ler, de modo a melhorar a compreensão do tópico abordado. As referências utilizadas no livro são apresentadas no final.

Gostaria de agradecer (a) ao Dr. Arun Praksh, Professor Assistente, MNNIT, Allahabad, (b) ao Dr. Jawar Singh, Professor Associado, IIT Patna, (c) ao Dr. N.P. Singh, Professor Associado, NIT Kurukshetra e (d) ao Dr. Arvind Sharma, Professor Assistente, NIT Kurukshetra por ter dado sugestões valiosas para a preparação deste livro.

Por fim, foram feitos todos os esforços pelo autor e pelo compositor do livro para o tornar tão humildemente livre de erros quanto possível. Neste contexto, o autor agradece a notificação de qualquer erro detectado após a publicação do livro.

Local: Hamirpur (Dr. Krishan Kumar)

Himachal Pradesh, Índia

Glossário

3GPP: 3rd Group Partnership Project

ANI: Access Network Identity

ANN: Artificial Neural Network

AP: Access Point

CHMP: Cross-Layer Handoff Management Protocol

CRAHNs: Cognitive Radio Adhoc Networks

CRNs: Cognitive Radio Networks

DSA: Dynamic Spectrum Access

FCC: Federal Communication Commission

FL: Fuzzy Logic

GRC: Grey Relational Coefficient

GVHO: Group Vertical Handoff

HWNs: Heterogeneous Wireless Networks

HNE: Handoff Necessity Estimation

HetCRNs: Heterogeneous Cognitive Radio Networks

HiMIPv6: Hierarchical mobile IPv6

LTE-A: Long Term Evolution- Advanced

MANET: Mobile Adhoc Network

MADM: Multiple Attribute Decision Making

MIH: Media Independent Handover

MN: Mobile Node

MODM: Multiple Objective Decision Making

QoS: Quality of Service

RSS: Received Signal Strength

SINR: Signal to Noise plus Interference Ratio

TONA: Terminal Oriented Network Assisted

UHF: Ultra High Frequency

UMTS: Universal Mobile Telecommunication System

VANET: Vehicular Adhoc Networks

VHF: Very High Frequency

VHO: Vertical Handoff

VRSS: Variable Received Strength

WiFi: Wireless fidelity

WiMax: Wireless Microwave Access

WLAN: Wireless Local Area Network

Capítulo

1

Introdução

1.1 Antecedentes e motivação

A tendência atual das redes sem fios fez aumentar a procura de bandas de espetro suplementares. Mas as actuais redes sem fios estão vinculadas a uma política fixa de atribuição de espetro, que é regulada pelos organismos governamentais. A atual política de atribuição de espetro fixo utilizada pelas agências governamentais não consegue acomodar a procura crescente das redes sem fios. De facto, algumas das bandas atribuídas estão subutilizadas, como é o caso de uma parte da banda UHF e VHF da televisão, o chamado espaço branco da televisão [C-J. Kim et al., 2010 e Hemdan Bezabih et. al., 2012]. De acordo com a Federal Communication Commission (FCC), até 85% do espetro atribuído está subutilizado devido à atribuição de bandas de espetro fixo. Isto produz uma grande lacuna entre o aumento da procura atual de bandas de espetro extra e a política de atribuição de espetro fixo. Para colmatar esta lacuna, a FCC sugeriu a utilização dos espectros subutilizados e das porções de espetro que não estão a ser utilizadas, denominadas bandas de espetro vagas ou espaços brancos. Este processo é conhecido como Acesso Dinâmico ao Espectro (DSA), através do qual os dispositivos não licenciados podem utilizar as bandas licenciadas [Beibei Wang et. al, 2011, Liu et al. 2013, Wassim Jouini et. al., 2012 e Car R. Stevenson et. al., 2009], como mostra a Fig. 1. O conceito de acesso dinâmico ao espetro destina-se a satisfazer a procura crescente das redes sem fios para resolver o atual problema da ineficiência do espetro sem fios. Este facto gera uma nova área de investigação e desenvolvimento da tecnologia das redes de rádio cognitivas (CRN), que é uma tecnologia essencial para a realização do DSA.

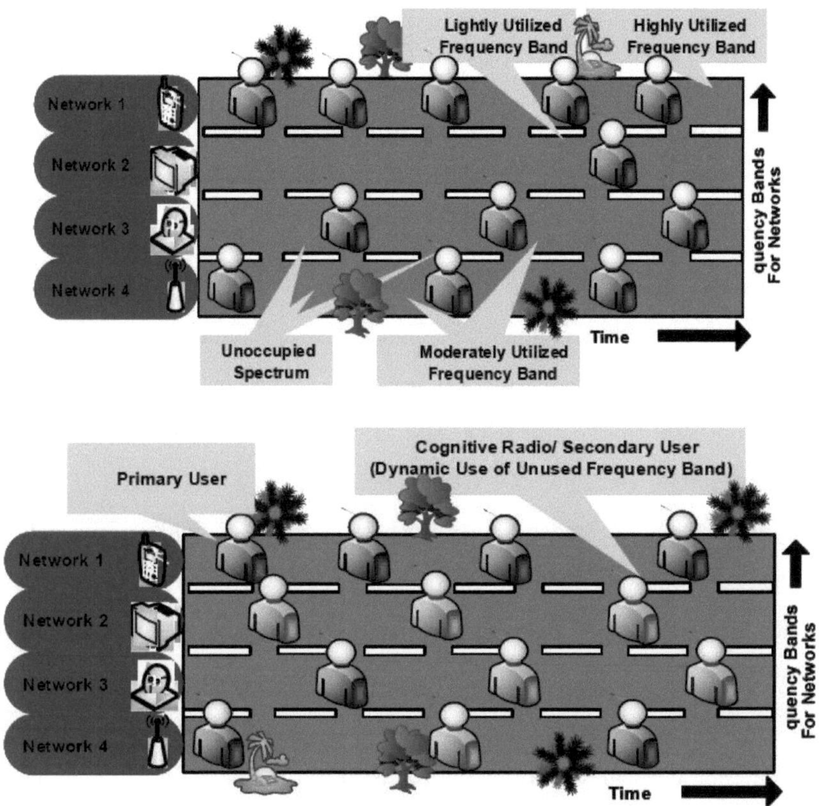

Fig. 1. a) Política fixa de atribuição do espetro b) Política dinâmica de atribuição do espetro para uma rede sem fios heterogénea em que os automóveis funcionam como nós

A ideia básica subjacente às redes de rádio cognitivas é que os dispositivos não licenciados (também designados por rádios cognitivos ou utilizadores secundários) utilizam as bandas de espetro licenciadas vagas. Têm de desocupar as bandas quando o dispositivo licenciado (também chamado utilizador primário) quiser utilizar as suas bandas [J. Mitola, 1999, Akyildiz et al., 2008, Kumar K. et al. 2016]. A utilização dinâmica do espetro exige muitas funcionalidades, como a deteção do espetro, a decisão sobre o espetro, a partilha do espetro e a mobilidade do espetro. Uma das funcionalidades mais importantes das CRN é a mobilidade do espetro, em que a comunicação deve ser mudada para outra frequência de funcionamento com base nas bandas vagas de frequências disponíveis. Isto requer a transferência de espetro [Wasim

Jouini et. al., 2012; Lu Lu et. al., 2012]. Esta situação torna-se mais complexa e difícil se forem consideradas as redes rádio cognitivas adhoc (CRAHN), que não dispõem de infra-estruturas de apoio, uma vez que a atenção da comunidade sem fios está a mudar gradualmente de um sistema centrado na rede para um sistema centrado no utilizador e no serviço.

A investigação em curso sobre o handoff vertical (VHO) em redes sem fios heterogéneas centra-se principalmente na seleção sem descontinuidades da melhor rede de entre as redes disponíveis. As redes sem fios heterogéneas podem consistir em múltiplas redes sem fios, como IEEE 802.11 Wi-Fi, IEEE 802.16 WiMAX, 3GPP UMTS, redes adhoc veiculares (VANET), redes adhoc móveis (MANET) e outras redes celulares, etc. As redes sem fios heterogéneas equipadas com CRN são designadas por redes de rádio cognitivas heterogéneas (HetCRN), que facilitam simultaneamente o acesso dinâmico ao espetro e a seleção de redes. As HetCRN enfrentam múltiplos desafios, como a disponibilidade de espetro variável no tempo e no local, tipos heterogéneos de nós e a seleção da melhor rede de entre as redes disponíveis. Por conseguinte, os handoffs verticais nas HetCRNs são uma forma natural de responder a estes desafios. Estes tipos de desafios complexos são raramente explorados na comunidade de investigação [K.L. Haldar et.al. 2012 e Zoran Damljanovic 2009].

1.2 Redes de rádio cognitivas heterogéneas

A tecnologia de rádio cognitiva é uma tecnologia essencial para que as HetCRN utilizem o espetro de forma dinâmica. [C J. Mitola, 1999, Kumar K. et al. 2016] introduziu o conceito de rádio cognitivo como

"Um "rádio cognitivo" é um rádio que pode alterar os seus parâmetros de transmissão com base na interação com o ambiente em que opera".

A partir da definição anterior, as duas principais características da rádio cognitiva são as seguintes [I.F. Akyildiz et al., 2009 e Yan Zhang et al., 2010] (a) Capacidade cognitiva através da qual pode captar ou detetar a informação do seu ambiente de rádio. As partes do espetro que não estão a ser utilizadas num determinado momento ou local podem ser identificadas. Consequentemente, podem ser seleccionados o melhor espetro e os parâmetros de funcionamento adequados. (b) Configurabilidade através da qual pode

altera os seus parâmetros em função do ambiente. A Fig. 1 mostra o conceito de buraco no espetro que pode ser identificado com a ajuda da capacidade cognitiva, após o que o rádio cognitivo se pode configurar a si próprio. A Fig. 2 mostra o espetro utilizado (espetro em utilização) e as bandas de espetro não utilizadas (designadas por buracos no espetro).

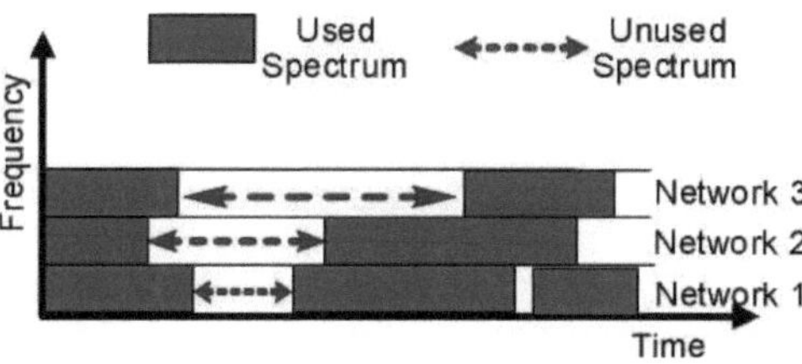

Fig. 2. Buraco no espetro em várias bandas de rede

A Fig. 3 mostra a arquitetura básica das redes de rádio cognitivas. Mostra que existem dois tipos básicos de redes, uma é a rede primária e a segunda é a rede de rádio cognitiva. A rede primária é qualquer rede principal licenciada que tem o direito exclusivo de utilizar uma determinada banda do espetro. Os utilizadores da rede primária são designados por utilizadores primários. As redes de rádio cognitivas são redes não licenciadas que utilizam o espetro de utilizadores licenciados. Os utilizadores são designados por utilizadores secundários ou utilizadores de rádio cognitiva. As redes de rádio cognitivas podem ser classificadas como redes de rádio cognitivas baseadas em infra-estruturas e redes de rádio cognitivas sem infra-estruturas. As redes de rádio cognitivas baseadas em infra-estruturas têm um controlador central como o AP nas redes locais sem fios (WLAN) ou uma estação de base nas redes celulares. Nas redes de rádio cognitivas sem infra-estruturas, não existe um controlador central para facilitar as comunicações dos utilizadores de rádio cognitivas. Os próprios utilizadores são responsáveis por todo o processo nas redes.

As redes sem fios heterogéneas equipadas com CRN são designadas por Redes de Rádio Cognitivas Heterogéneas (HetCRN) e as redes sem fios heterogéneas equipadas com Redes Rádio Cognitivas Adhoc são designadas por Redes Rádio Cognitivas Adhoc Heterogéneas (Het CRAHN).

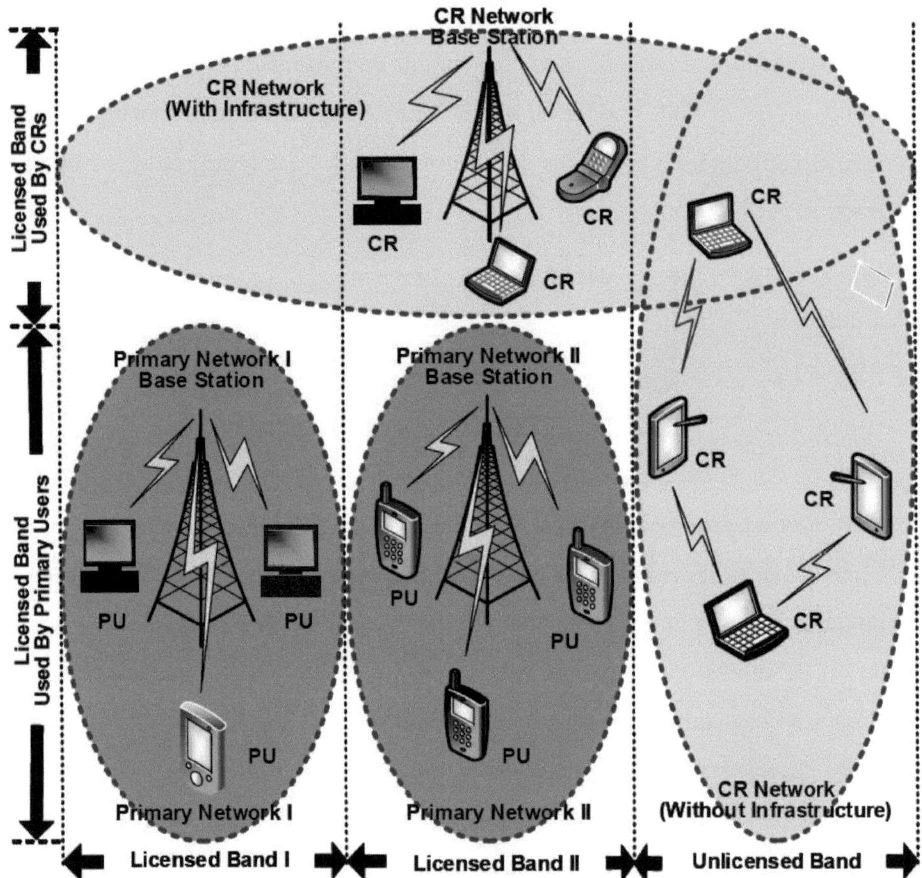

Fig. 3. Arquitetura das redes de rádio cognitivas

1.3 Conceito de decisão de Handoff

Com o avanço das tecnologias móveis, as HetCRN são compostas por muitas tecnologias, como IEEE 802.11 Wi-Fi, IEEE 802.16 WiMAX, 3GPP UMTS, LTE-A,

VANET, MANET e outras redes celulares, etc. A integração de várias tecnologias inclui a itinerância sem descontinuidades entre redes heterogéneas, o que é uma tarefa crucial mas difícil. Isto deve-se ao facto de as diferentes redes de acesso terem características de rede únicas e diferentes, como as tecnologias de suporte, a QoS (qualidade do serviço) e a mobilidade, etc. A Fig. 4 mostra o conceito de handoff em diferentes canais/redes. O rádio cognitivo ou o utilizador desloca-se dentro e através das redes sem fios que utilizam diferentes tecnologias. Este processo é designado por handoff, que é desejável num cenário deste tipo.

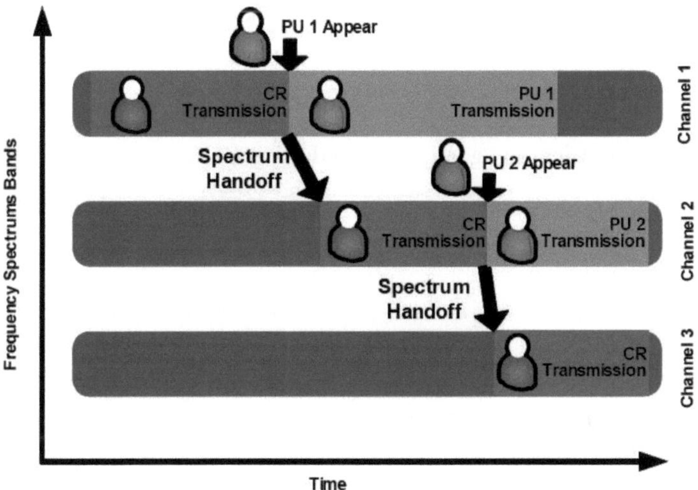

Fig. 4. Cenário de Handoffs em Redes Rádio Cognitivas Heterogéneas

Capítulo

2

Classificações de decisões de Handoff

As classificações gerais do handoff são o handoff horizontal convencional, o handoff vertical convencional, o handoff diagonal convencional e o handoff de espetro, que é o handoff mais popular na rede de rádio cognitiva. A palavra convencional é utilizada em relação a transferências como a transferência horizontal convencional, a transferência diagonal convencional e a transferência vertical convencional. A razão para tal é o facto de se tratar de transferências normais aplicáveis às redes de rádio cognitivas. A classificação geral de handoff para redes de rádio cognitivas heterogéneas é apresentada na Fig. 5 [Johann Marquez-Barja et. al., 2011 K.L. Haldar et.al 2012, Atiq Ahmed et al 2013 e Zoran Damljanovic 2009]

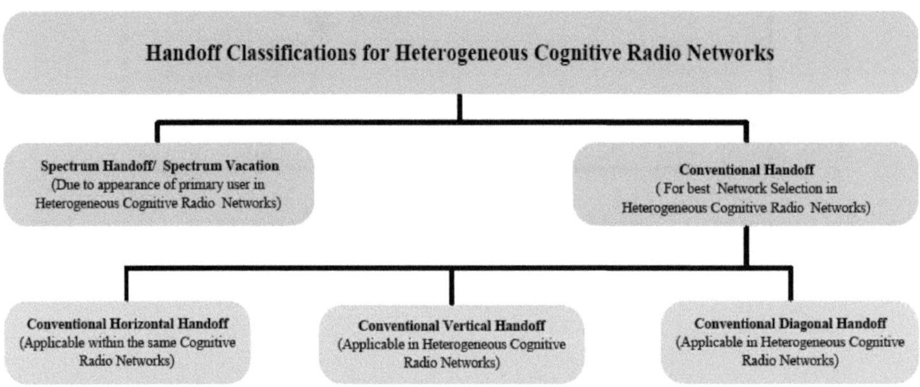

Fig. 5. Classificação do Handoff para redes de rádio cognitivas heterogéneas

a) Handoff horizontal convencional: Quando é necessário mudar para outro PA ou célula da mesma rede sem fios/rede de rádio cognitiva, chama-se handoff horizontal, como mostra a Fig. 5. Por exemplo, quando um terminal móvel se desloca de uma célula IEEE 802.11 Wi-Fi para a estação de base IEEE 802.11WiFi vizinha num ambiente de rádio cognitivo, considera-se que se trata de um processo de handoff horizontal. Este tipo de situação ocorre quando alguns canais das mesmas redes estão vagos.

b) Handoff vertical convencional: Quando há necessidade de mudar para um ponto AP de acesso diferente ou para uma célula de HetCRNs, chama-se handoff vertical, como mostra a Fig. 5. Basicamente, trata-se de um handoff iniciado com base nos objectivos das CRN e nas preferências dos utilizadores para a seleção da melhor rede [Zoran Damljanovic 2009 e K.L. Haldar et.al 2012]. O processo de handoff vertical terá de tratar de muitas questões, como os atrasos introduzidos em resultado da descoberta da rede, da configuração, dos procedimentos de atualização de ligações, etc.; o movimento entre dois domínios administrativos diferentes (por exemplo, de sistemas celulares para WLANs) coloca desafios adicionais, uma vez que um telemóvel terá de restabelecer a autenticação e a autorização no novo domínio e a gestão dos recursos de rádio [E. S. Navarro, 2010]. Isto é basicamente igual ao handoff de espetro nas HetCRNs. A única diferença entre o spectrum handoff e o vertical handoff é que o spectrum handoff surge quando o utilizador primário aparece. Assim, o handoff de espetro é um handoff forçado que ocorre devido à presença do utilizador primário. O handoff vertical é apenas o handoff iniciado pelos CRN para a seleção da melhor rede de entre as disponíveis [Zoran Damljanovic 2009 e K.L. Haldar et.al 2012]. Assim, os termos de handoff vertical utilizados em redes de rádio heterogéneas podem ser aplicados em HetCRNs. Em resumo, o handoff vertical convencional ocorre para selecionar a melhor rede de entre as disponíveis. Não se trata de um handoff essencial. Trata-se, portanto, de um *handoff não forçado*, concebido com base nas necessidades dos utilizadores secundários.

c) Transferência diagonal convencional: Este é um novo tipo de handoff que é a combinação de handoffs horizontais e verticais. O significado de handoff diagonal é que o nó móvel atravessa as células que utilizam uma tecnologia homogénea como a Ethernet e permite que um utilizador continue as suas aplicações em tecnologia heterogénea. O grupo de trabalho do IEEE, IEEE 802.21, propôs este termo para o handoff entre redes IEEE e redes de difusão [Atiq Ahmed et al 2013] apenas na ligação descendente. Este tipo de handoff é muito útil nas situações em que é necessário partilhar o espetro, o que é muito útil nas redes de rádio cognitivas.

d) Handoff de espetro: Quando é necessário mudar para um AP ou célula diferente de uma rede de rádio cognitiva diferente, chama-se spectrum handoff, que surge principalmente devido ao aparecimento de um utilizador primário e a más condições de canal [Beibei Wang et. al. 2011]. Do exposto, conclui-se que o handoff de espetro que ocorre em diferentes redes de acesso é basicamente um handoff vertical. Este tipo de situação ocorre em redes HetCRNs. Uma vez que as transmissões dos utilizadores secundários são suspensas durante um spectrum handoff, estes irão sofrer um atraso maior nos pacotes. Por conseguinte, um bom mecanismo de transferência de espetro deve proporcionar aos utilizadores secundários uma mudança suave de rede ou de canal com a menor latência possível. Os handoffs do espetro são aplicados devido à ocorrência de utilizadores primários. Trata-se de um handoff essencial, necessário para que os utilizadores secundários desocupem o canal para o utilizador principal. Por conseguinte, trata-se de *transferências forçadas*, essenciais para acomodar o utilizador principal.

2.1 Conceito de gestão do Handoff

A gestão do handoff é o principal aspeto para o desenvolvimento de uma solução de gestão da mobilidade em redes sem fios heterogéneas. É o processo através do qual o nó móvel estabelece as suas ligações com um novo ponto de ligação sem problemas na rede sem fios. O conceito completo de gestão do handoff divide-se em três etapas: recolha de informações sobre o handoff, decisão sobre o handoff e execução do handoff. O conceito de gestão do handoff é explicado e apresentado na Fig. 6.

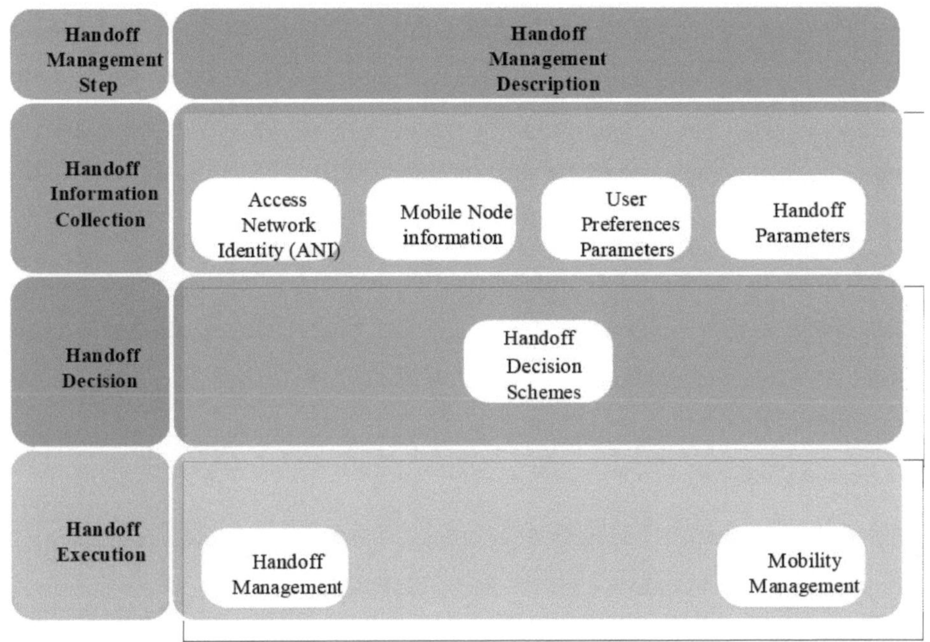

Fig. 6. Etapas da gestão do Handoff

A. Recolha de informações sobre o handoff: É a fase inicial do conceito de gestão de handoff que é utilizada para recolher toda a informação necessária para identificar a necessidade de handoff dentro da mesma ou de uma nova rede de acesso, juntamente com a identidade da rede de acesso [Q.- T. Nguyen-Vuong et.al. 2008, Kumar et al., 2017a, 2017b, 2017c, 2017d], dispositivos móveis, AP e preferências do utilizador. Como esta etapa é utilizada para recolher muitas informações para o acionamento do handoff, é conhecida por diferentes nomes em trabalhos anteriores relacionados, como descoberta do sistema [Zekri et.al. 2012], iniciação do handoff [Kassar, et al 2011] e recolha de informações sobre o handoff [Kassar, et al 2011], etc. As principais funções da recolha de informações sobre o handoff são as seguintes

- *Identidade da rede de acesso (ANI):* A identidade de uma rede de acesso oferece a disponibilidade das redes vizinhas, devendo o nó móvel bloquear uma rede de acesso adequada. A identidade da rede de acesso disponível pode ser encontrada através de informações como a intensidade do sinal recebido (RSS), a cobertura da rede, o jitter da rede, a distância, a localização e os parâmetros de QoS.

- *Parâmetros de decisão VHO:* Esta etapa trata dos parâmetros relacionados com a decisão sobre o VHO, tais como o número de VHO, a taxa de sucesso do VHO, a taxa de falha do VHO, o tempo de espera, a latência do handoff, a perda de pacotes durante o handoff, a probabilidade de falha do handoff e a probabilidade de handoff desnecessário, etc.

- *Informação sobre o nó móvel:* A informação sobre o nó móvel diz respeito à informação sobre o nó móvel, como a energia da bateria, a localização e o padrão de velocidade, etc.

- *Parâmetros relacionados com o utilizador:* Diz respeito às preferências do utilizador, como a escolha de redes, QoS, orçamento de lucro, etc.

B. Decisão de transferência: Esta é a parte principal do conceito de gestão do handoff, que é utilizada para determinar se e como efetuar o handoff, seleccionando as redes de acesso mais adequadas com base nos parâmetros de recolha de informações sobre o handoff, etc. Os algoritmos de decisão de transferência são aqui utilizados para tomar a decisão de transferência. A seleção do algoritmo de handoff adequado é a questão fundamental em redes sem fios heterogéneas como as HetCRN. É conhecida por diferentes nomes em trabalhos anteriores relacionados, como seleção da rede e seleção do sistema [Kassar, et al 2011], etc.

C. Execução do Handoff: É finalmente a etapa de atribuição de novos canais que é resolvida durante o handoff. Durante a execução do handoff, a nova estação de base é adicionada; a potência e outros parâmetros são ajustados.

2.2 Recolha de informações sobre o Handoff

A recolha de informações sobre o handoff está dividida em quatro categorias baseadas nas características do nó móvel e das redes. O quadro I apresenta em pormenor as descrições de transferência destas recolhas de informações, explicadas a seguir:

QUADRO I

PARÂMETROS DE RECOLHA DE INFORMAÇÕES DE TRANSFERÊNCIA

Tipo de Handoff Parâmetros de recolha de informações	Nome dos parâmetros de recolha de informações de Handoff	Descrição	Referências
Acesso Identidade de rede (ANI)	RSS e área de cobertura da rede	Representa a intensidade do sinal recebido e a área de cobertura da rede é diretamente proporcional a ele.	[G. P. Pollini 1996, K. Pahlavan 2000, J. McNair et al.2004, S. Mohanty et. al., 2006, A.H. Zahran et. al. 2006, X. Yan et. al. 2008, B.-J. Chang et.al. 2008, X. Yan et.al. 2008, Navid Mirmotahhary 2008 Amitav Panda et.al 2013, Tariq MD Ali et al 2013 Shengmei Liu et al 2013]
	SNR e SINR	Representa o rácio sinal/ruído e o rácio sinal/ruído mais interferência, respetivamente.	[Roberto Corvaja 2006, Wang et.al.2011, Ammar A. et.al. 2012, Shengmei Liu et al 2013]
	Largura de banda	Mede a gama de frequências em que os dados podem ser enviados através do canal.	[C. W. Lee et. al., 2005, H. Zahran et. al. 2006, K. Yang et. al. 2007, C. Chi et. al. 2007]
	RIC	A taxa de erro de bit representa o número de bits incorrectos recebidos em relação ao total de bits transmitidos.	[Kumar et al., 2017a, 2017b, 2017c, 2017d]
	Jitter de rede	Representa a latência do pacote na rede, expressa em segundos.	[Kumar et al., 2017a, 2017b, 2017c, 2017d]
	Atraso de ponta a ponta	É o tempo que o pacote demora a chegar do emissor ao recetor, expresso em segundos. 0	[Kumar et al., 2017a, 2017b, 2017c, 2017d]
	Segurança	Intercâmbio de algumas redes e informações relacionadas com o terminal.	[Roberto Corvaja 2006, Wang et.al.2011,Ammar A. et.al. 2012]
	Perda de pacotes	Representa o número de pacotes entregues sem sucesso nas redes.	[Kumar et al., 2017a, 2017b, 2017c, 2017d]
	Rendimento	Representa a quantidade média de dados transmitidos com êxito pelo canal.	[Roberto Corvaja 2006, Wang et.al.2011, Ammar A. et.al. 2012]
	Eficiência de utilização do canal	Descreve a utilização do canal em relação ao disponível.	[H. Zahran et. al. 2006, K. Yang et. al. 2007, C. Chi et. al. 2007]
	Número de utilizadores	Lidar com o número de utilizadores disponíveis na AN.	[H. Zahran et. al. 2006, K. Yang et. al. 2007, C. Chi et. al. 2007]

Parâmetros relacionados com o Handoff Vertical (VHO)	Probabilidade de transferência	Representa a probabilidade de ocorrência de handoff numa rede sem fios heterogénea.	[Issaka Hassane Abdoulaziz et.al. 2012]
	Pedido médio de VHO	Significa o número de pedidos de transferência vertical para tomar uma decisão de transferência vertical.	[Issaka Hassane Abdoulaziz et.al. 2012]
	Probabilidade de falha do handoff	Ocorre quando a rede de destino pode não ser selecionada após o início do handoff.	[Issaka Hassane Abdoulaziz et.al. 2012]
	Número de transferências e transferências desnecessárias	Representa o número total de decisões de transferência e de transferências desnecessárias.	[Issaka Hassane Abdoulaziz et.al. 2012]
	Latência de Handoff	Refere-se à duração entre a decisão inicial e a conclusão da transferência.	[Issaka Hassane Abdoulaziz et.al. 2012]
	Perda de pacotes durante o handoff	Perda de pacotes no processo de handoff.	[Issaka Hassane Abdoulaziz et.al. 2012]
	Tempo de permanência	Conhecido como tempo de espera, é o tempo durante o qual a decisão VHO permanece parada para concluir outro processo em curso.	[Vicent Pla et al 2002, Riaz Hussain et.al. 2013]
	Taxa de sucesso da transferência	Representa o VHO ocorrido com êxito num ambiente sem fios heterogéneo.	[Johann Marquez-Barja et. al 2011]
Preferências do utilizador	Custo monetário	Está ligada à faturação e ao custo de utilização das redes.	Kumar et al., 2017a, 2017b, 2017c, 2017d
	Escolha da rede	É utilizado para selecionar a rede de entre as disponíveis.	Kumar et al., 2017a, 2017b, 2017c, 2017d
	Perfil do utilizador	Trata do perfil do utilizador.	
Informações do nó móvel	Velocidade	É a velocidade a que o terminal móvel se desloca na rede de acesso.	[Kaveh Shafiee et. al., 2011], Kumar et al., 2017a, 2017b, 2017d
	Padrão de velocidade	Útil para o terminal móvel que tem um padrão de velocidade específico, por exemplo, VANET.	[Issaka Hassane Abdoulaziz et.al. 2012; Kumar etal., 2017a]
	Consumo da bateria	Trata-se do consumo de energia do terminal móvel.	[N. Nasser et al 2006]
	Localização	Este parâmetro diz respeito à localização do terminal do nó móvel.	[X. Yan et.al 2008]

2.2.1Parâmetros relacionados com a identidade da rede de acesso (ANI):

- *Intensidade do sinal recebido (RSS) e área de cobertura da rede:* A RSS e a área de cobertura da rede estão inter-relacionadas entre si. A área de cobertura da rede depende sempre da potência transmitida pelo ponto de acesso (AP). Se a potência transmitida pelo AP for aumentada, a área de cobertura aumentará e vice-versa. O RSS é o fator tradicional e primordial para a tomada de decisão de transferência. Basicamente, o RSS é o nível de potência recebido pelo nó móvel que está a ser transmitido pelo AP. O RSS é geralmente utilizado para efetuar o handoff horizontal. É um dos parâmetros mais antigos e mais utilizados para efetuar o handoff num ambiente heterogéneo. [G. P. Pollini 1996, K. Pahlavan 2000, J. McNair et al.2004, S. Mohanty et al. 2006, A.H. Zahran et al. 2006, X. Yan et al. 2008, B.-J. Chang et al. 2008, X. Yan et al. 2008, Navid Mirmotahhary 2008, Amitav Panda et al 2013, Tariq MD Ali et al 2013, Shengmei Liu et al 2013].

• Relação *sinal/ruído (SNR) e relação sinal/ruído mais interferência (SINR):* A relação sinal/ruído é o termo utilizado para definir a relação de potência entre um sinal de informação e o ruído de fundo. O termo relação sinal-ruído mais interferência inclui um termo extra, interferência. Normalmente, a interferência estaria apenas contida no parâmetro de ruído se fosse consistente, mas se houver uma interferência específica, então é necessário calcular o SINR. Também é conhecido como CIR, que significa rácio de potência da portadora e rácio de interferência. O termo rácio de potência de sinal/ruído é geralmente utilizado em sistemas com fios em que a potência de interferência do PA vizinho é considerada zero.

[Wang et.al.2011]. O SINR é um parâmetro muito útil para a decisão de handoff em redes de rádio cognitivo. Ele é amplamente encontrado nas pesquisas [Roberto Corvaja 2006, Wang et.al.2011, Ammar A. et.al. 2012, Shinmei Liu et al 2013]

- *Largura de banda:* Refere-se à gama de frequências da rede de acesso e mede a quantidade de dados que podem ser enviados através do canal num determinado período de tempo. Uma maior largura de banda significa menores probabilidades de abandono de chamadas e de abandono de chamadas em toda a rede. A largura de banda deve ser parte integrante da rede heterogénea que toma a decisão sobre o VHO. [H. Zahran et. al. 2006, K. Yang et. al. 2007, C. Chi et. al. 2007] referem a largura de banda como parte do parâmetro.

• *Taxa de erro de bits (BER)*: A taxa de erro de bits representa o erro que ocorre quando um ou mais bits de dados que viajam através de uma rede não chegam à extremidade recetora. Quanto mais elevada for a BER, maior será o número de bits de erro na extremidade recetora. A BER é geralmente medida em termos de percentagem. A BER depende de muitos parâmetros, como o RSS, a área de cobertura, etc., nas redes sem fios.

• *Jitter de rede:* O jitter de rede representa a latência do pacote na rede causada por enfileiramento, contenção, etc. Basicamente, representa a variação de tempo no sinal/pacote. Se não houver variação no sinal/pacote, significa que o jitter é zero. Um jitter elevado na rede contém uma maior quantidade de perda de pacotes.

• *Atraso de ponta a ponta:* É o tempo que o pacote demora a chegar do transmissor ao recetor. O atraso de extremo a extremo representa o atraso total registado na transmissão de dados em segundos. Um atraso de ponta a ponta mais elevado é indesejável no processo de decisão VHO. Deve ser minimizado para que a decisão VHO seja rápida em redes heterogéneas de acesso.

• *Segurança:* Este parâmetro é altamente desejável na interconexão de redes sem fios heterogéneas. A interconexão de diferentes redes sem fios leva à troca de algumas informações sobre as redes e os terminais durante a tomada de decisão sobre o VHO num ambiente heterogéneo. O Handoff em redes heterogéneas exige uma segurança reforçada e informações relacionadas com a privacidade. [Kyusuk Han et.al, 2011] propõe funções de segurança, como o servidor de mapeamento de vizinhos que associa o endereço IP e o endereço MAC com suporte de segurança ao tomar a decisão VHO.

• *Perda de pacotes:* A perda de pacotes representa o número de pacotes entregues sem sucesso nas redes. Esta é uma das características indesejáveis mais importantes para a decisão de VHO em redes sem fios. O jitter da rede é um dos parâmetros que afecta a perda de pacotes numa[1] Vertical Handoff Algorithms for Network Selection in CR Networks

• *Taxa de transferência:* A taxa de transferência representa a quantidade média de dados transmitidos com êxito pelo canal. O débito da rede é geralmente medido em bits por segundo (bps). O débito máximo é a capacidade do canal de um sistema de comunicação. O débito teórico é sempre superior ao débito prático num sistema de comunicação.

• *Eficiência de utilização do canal:* Basicamente, descreve a utilização de um canal de entre os disponíveis na rede [Aggeliki Sgora et.al 2009]. É um dos parâmetros importantes para o handoff em CRNs específicas.

• *Número de utilizadores:* Diz respeito ao número de utilizadores disponíveis na AN. Quanto maior for o número de utilizadores na rede, maior será a interferência na AN.

2.2.2Parâmetros relacionados com o Handoff Vertical (VHO):

• *Probabilidade de handoff:* Representa a probabilidade de ocorrência de um handoff numa rede sem fios heterogénea. A estimativa da probabilidade de handoff adequada conduz a uma decisão de handoff eficiente numa rede sem fios heterogénea.

• *Pedido médio de VHO:* Por pedido médio de VHO entende-se o número de pedidos de transferência vertical para tomar uma decisão de transferência vertical. O aumento do pedido médio de VHO indica que as decisões de handoff são tomadas com frequência; há hipóteses de o número de probabilidades de falha de handoff aumentar e de a perda de pacotes durante o handoff aumentar, etc. Por conseguinte, o pedido médio de VHO deve ser minimizado.

• *Probabilidade de falha do handoff:* As falhas de handoff ocorrem quando a rede de destino pode não ser selecionada após o início do handoff. As razões podem ser múltiplas. O nó móvel sai da área de cobertura e a intensidade do sinal recebido é inferior ao valor limite, e a rede de destino pode não dispor de recursos suficientes para concluir o processo de transferência. O rácio de falhas de transferência é o rácio entre o número de falhas de transferência e a soma das falhas de transferência e dos sucessos de transferência.

• *Número de transferências e de transferências desnecessárias:* O cálculo da estimativa de handoff e de handoff desnecessário varia nos cenários de decisão VHO.

A redução do número total de handoff é preferível, uma vez que evita os handoff frequentes num ambiente de rede sem fios heterogéneo. A redução do número de handoff desnecessários é ainda mais importante para evitar o desperdício de recursos da rede. Assim, o número de handoff e de handoff desnecessários deve ser minimizado.

• *Latência do Handoff:* A latência do handoff refere-se à duração entre a decisão inicial e a decisão final do handoff. A baixa latência de transferência é uma caraterística desejável de uma melhor rede sem fios heterogénea, especialmente em aplicações sensíveis ao atraso, como a transmissão de voz e a transmissão de vídeo, etc.

• *Perda de pacotes durante o handoff:* É uma caraterística indesejável no processo de decisão VHO que deve ser evitada. Uma elevada perda de pacotes conduz a um fraco desempenho do handoff e a latência do handoff aumenta. Assim, a perda de pacotes deve ser minimizada para que a decisão de handoff seja bem sucedida em redes heterogéneas.

• *Tempo de permanência:* Também conhecido como tempo de permanência, é o tempo durante o qual a decisão VHO permanece parada para completar outro processo em curso. É desejável que o tempo de permanência seja baixo. O efeito do tempo de permanência é estudado em [Vicent Pla et al 2002] para o desempenho celular na tomada de decisão VHO.

• *Taxa de sucesso do Handoff:* A taxa de sucesso do handoff representa o VHO que ocorreu com sucesso num ambiente sem fios heterogéneo. É desejável que a taxa de sucesso do handoff seja elevada.

2.2.3Parâmetros relacionados com as preferências do utilizador:

• *Custo monetário:* O custo momentâneo está ligado à faturação e ao custo de utilização da rede. É um parâmetro relacionado com as preferências do utilizador que afecta diretamente a QoS. Muitas técnicas de tomada de decisões de handoff utilizam o custo monetário como parâmetro de recolha de handoff para a decisão de VHO num ambiente de rede sem fios heterogéneo.

• *Escolha da rede:* É o parâmetro de preferência do utilizador que é utilizado para selecionar a rede de entre as disponíveis. É muito útil nas HetCRN para selecionar a melhor rede de entre as disponíveis. Aqui, o termo melhor é utilizado do ponto de vista do utilizador.

• *Perfil do utilizador:* Diz respeito ao perfil do utilizador. Alguns utilizadores têm esse perfil, cujas escolhas não podem ser ignoradas, como é o caso dos serviços de emergência, que terão acesso imediato às redes.

2.2.4Informação do nó móvel:

• *Velocidade:* É a velocidade a que o terminal móvel se desloca na rede de acesso. É um parâmetro de recolha de informação de handoff muito importante num ambiente heterogéneo. [Kaveh Shafiee et. al., 2011] propõe o algoritmo VHO distribuído ótimo para o ambiente veicular. Justifica que a utilização de estratégias de handoff simples não é adequada para o ambiente veicular, a fim de minimizar o custo da comunicação e o tempo. É preferível utilizar o handoff vertical a baixa velocidade, mas tentar evitar a alta velocidade e permanecer na rede celular. A combinação de WLAN, rede celular e rede Adhoc supera as outras estratégias em ambiente veicular. Por conseguinte, este VHO distribuído ótimo depende principalmente da velocidade do terminal móvel.

• *Padrão de velocidade:* Trata-se de outro parâmetro de recolha de informações sobre o handoff que é muito útil em ambiente veicular ou se o terminal móvel tiver um padrão de velocidade específico. As VANET têm um padrão de velocidade específico. O exemplo do comboio que circula na via tem um padrão de velocidade específico. Por isso, este parâmetro é muito importante num cenário deste tipo.

• *Consumo da bateria:* Trata-se do consumo de energia do terminal móvel. Se o nível de energia do terminal móvel for baixo, este pode ligar-se ao terminal de acesso que pode fornecer energia ao terminal móvel [N. Nasser et al 2006].

• *Localização:* Este parâmetro diz respeito à localização do terminal do nó móvel.

Vários algoritmos de decisão de VHO utilizam este parâmetro. [X. Yan et.al 2008] propõe um método baseado na previsão da distância de viagem para minimizar handoffs desnecessários de redes celulares para WLANs. Considera dois limiares que são calculados pela estação móvel quando esta entra na célula WLAN. A distância de viagem prevista é comparada com os valores dos limiares para tomar uma decisão de transferência que mostra a melhoria das transferências falhadas ou desnecessárias.

Capítulo

3

Classificações de algoritmos de Handoff Vertical para Redes de Rádio Cognitivas Heterogéneas

3. Introdução:

Como HetCRNs que facilitam simultaneamente o acesso dinâmico ao espetro e a seleção da rede [Zoran Damljanovic 2009 e K.L. Haldar et.al 2012]. Os algoritmos de handoff vertical são classificados como na Fig. 7 e são os seguintes

3.1 Algoritmos de Handoff de Espectro: Estes algoritmos de handoff são aplicados devido à ocorrência de utilizadores primários nas HetCRNs. Trata-se de um algoritmo de transferência essencial para que os utilizadores secundários desocupem o canal para o utilizador primário nas HetCRN. Por conseguinte, trata-se de algoritmos de transferência forçada essenciais para desocupar o espetro para o utilizador primário [Zoran Damljanovic 2009]. Este assunto está fora do âmbito deste livro. Por conseguinte, não é necessário discuti-lo em pormenor neste livro.

3.2. Algoritmos de Handoff Vertical Convencional (VHO): Estes algoritmos de handoff foram utilizados para selecionar a melhor rede de entre as disponíveis nas HetCRN. Não são algoritmos de transferência essenciais e são algoritmos de transferência não forçada concebidos para as necessidades dos utilizadores secundários. Os vários tipos de algoritmos VHO para redes sem fios heterogéneas estão disponíveis nos estudos [J. McNair et al. 2004, N. Nasser 2006, Merian Kassar et. al. 2008, Aggeliki Sgora 2009, Xiaohuan Yan 2010, Johann Marquez-Barja et. al 2011, Kandaraj Piamrat 2011, M. Zekri 2012, Ibrahim Al-Surmi 2012, Lusheng Wang 2013, Atiq Ahmed et al 2013]. Estes algoritmos de handoff vertical são amplamente considerados nas redes da próxima geração, sendo também aplicáveis a

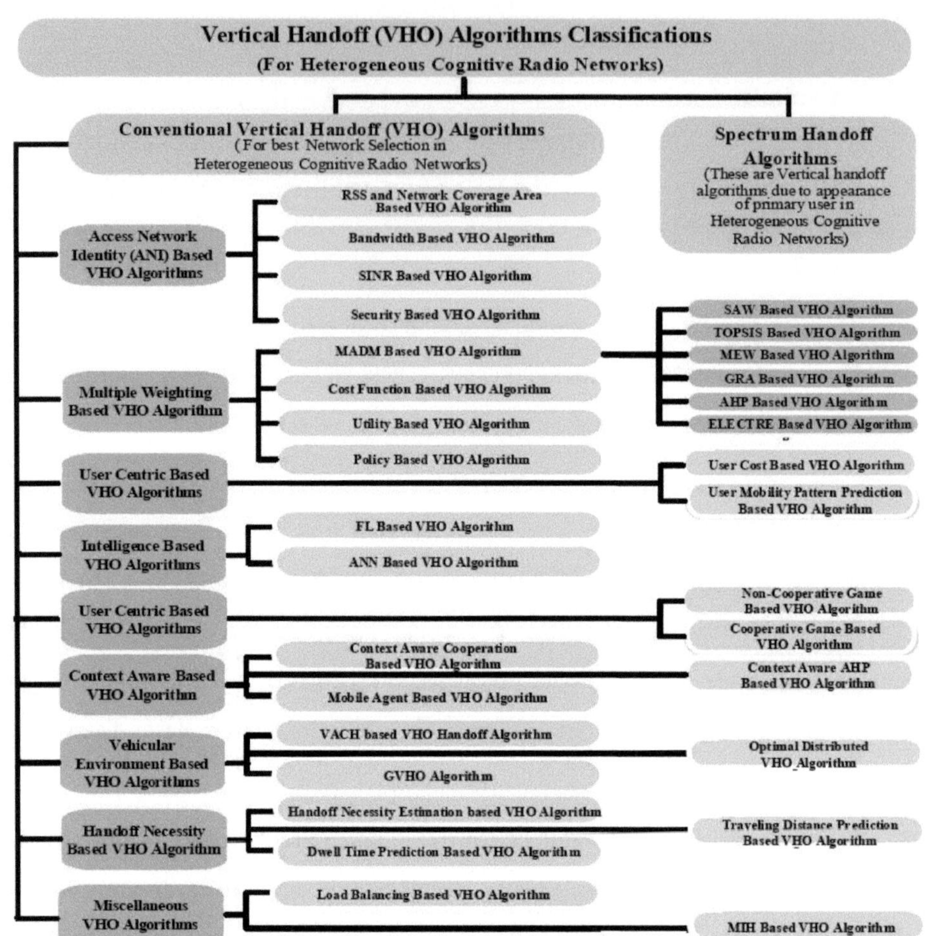

Fig. 7. Classificações propostas de algoritmos de handoff vertical de redes sem fios heterogéneas para seleção de redes em HetCRNS

HetCRNs [Zoran Damljanovic 2009, K.L. Haldar et.al 2012]. As classificações de VHO existentes para redes sem fios heterogéneas são efectuadas de diferentes formas. As decisões em matéria de VHO dependem principalmente do nó móvel e das características da rede. Assim, com base nas características do nó móvel e da rede, são propostas as seguintes classificações de algoritmos de handoff vertical para redes sem fios heterogéneas:

1) Algoritmos VHO baseados na identidade da rede de acesso

2) Algoritmos VHO baseados em ponderação múltipla

3) Algoritmos VHO baseados no utilizador

4) Algoritmos VHO baseados em inteligência

5) Algoritmos VHO baseados na teoria dos jogos

6) Algoritmos VHO baseados no conhecimento do contexto

7) Algoritmos VHO baseados no ambiente veicular

8) Algoritmos VHO baseados na necessidade de Handoff

9) Algoritmos VHO diversos

As classificações propostas para os algoritmos de handoff vertical das redes sem fios heterogéneas para a seleção da rede no HetCRNS são também apresentadas na figura acima, que é auto-explicativa. Passamos agora a descrever em pormenor cada um dos algoritmos.

3.2.1Algoritmos de VHO baseados na identidade da rede de acesso (ANI)

a) Algoritmo VHO baseado no RSS e na área de cobertura da rede: O RSS é o critério mais utilizado tradicionalmente para as estratégias de handoff nas redes sem fios da próxima geração. A razão é que é fácil de medir e é diretamente relevante para a qualidade do serviço e a área de cobertura da rede. Existe uma estreita relação entre o RSS e a distância entre a estação móvel e a estação de base. A maioria das estratégias de transferência horizontal existentes utiliza o RSS como principal critério de decisão. Assim, as estratégias de transferência tradicionais baseadas no RSS tornam-se uma das estratégias de transferência mais importantes neste domínio [K. Pahlavan 2000, A.H. Zahran et. al. 2006, J. McNair et al.2004, X. Yan et. al. 2008, B.-J. Chang et.al. 2008, S. Mohanty et.al. 2006, X. Yan et.al. 2008]. [S. Mohanty et. al., 2006, Amitav Panda et.al 2013 e Shengmei Liu et al 2013] discutem os diferentes tipos de handoffs nas redes sem fios da próxima geração, comparando o desempenho da gestão de handoffs com base num valor fixo de RSS e num valor dinâmico do limiar de RSS. Verifica-se que a probabilidade de falha do handoff aumenta quando a velocidade ou o atraso da sinalização do handoff aumenta. O autor desenvolve um protocolo de gestão de handoff entre camadas denominado CHMP, que é utilizado para estimar a velocidade do telemóvel e prever o atraso da sinalização de handoff de possíveis handoffs. Com base nisto, é calculado o valor dinâmico do limiar RSS, o que diminui a probabilidade de falha do handoff. Em [G. P. Pollini, 1996], as estratégias de decisão de handoff horizontal baseadas no RSS são classificadas nas seis subcategorias seguintes: RSS relativo, RSS relativo com limiar, RSS relativo com histerese, RSS relativo com histerese e limiar e técnicas de previsão. Para o handoff vertical, o RSS relativo não é aplicável, uma vez que o RSS de diferentes tipos de redes não pode ser comparado diretamente devido à disparidade das tecnologias envolvidas. Por exemplo, pode haver limiares distintos para a intensidade do sinal para cada rede.

b) Algoritmo VHO baseado na largura de banda: A largura de banda é um dos parâmetros importantes para a decisão de handoff. A largura de banda disponível para um terminal móvel é o principal critério neste grupo. Os algoritmos de VHO [C. W. Lee et. al., 2005, K. Yang et. al. 2007, C. Chi et. al. 2007] utilizam a largura de banda disponível como parâmetro para o handoff vertical. Alguns algoritmos utilizam tanto a largura de banda como a informação RSS como processo de decisão [C. W. Lee et. al., 2005, A.H. Zahran et. al. 2006]. [C. W. Lee et. al., 2005] propõe a integração da WLAN e da rede de acesso de área alargada (WAAN) com base no IPv6 móvel. Propuseram um esquema de IPv6 móvel hierárquico (HiMIPv6+) que reduz a sinalização na Internet e reduz a perda de pacotes para o nó móvel durante o handoff. Considera a largura de banda e os requisitos de serviço do utilizador como parâmetro principal para a decisão de transferência da WLAN para a WAAN e vice-versa.

c) Algoritmo VHO baseado no SINR: [K. Yang, 2007] propõe um algoritmo de handoff vertical que utiliza o SINR de receção combinado das redes WLAN e WCDMA (Wide Code Division Multiple Access) como critério de handoff. Assim, o algoritmo de handoff pode ter conhecimento da largura de banda de ambas as redes, tendo em conta a QoS. Oferece ao utilizador final a máxima largura de banda disponível durante o handoff vertical, em comparação com o handoff vertical baseado no RSS. O desempenho do algoritmo de transferência vertical baseado no RSS varia consoante as condições da rede. Os algoritmos de transferência baseados no SINR proporcionam um débito elevado em comparação com os algoritmos de transferência baseados no RSS.

*d) Algoritmo VHO baseado em segurança: [*Kyusuk Han et.al., 2011] propõe funções de segurança como o servidor de mapeamento de vizinhos que associa o endereço IP e o endereço MAC com suporte de segurança. [Nidhi Rastogi et.al, 2011] propõe um esquema de segurança que consiste em utilizar dois algoritmos diferentes para autenticar um dispositivo na rede doméstica e na rede externa pela primeira vez durante o VHO em redes sem fios heterogéneas. O esquema reduz tanto o tempo necessário para a autenticação como o número de mensagens trocadas entre o dispositivo e a rede durante a VHO. Os algoritmos de VHO baseados na segurança são muito importantes nas Het CRN.

QUADRO II
ALGORITMOS DE VHO BASEADOS NA IDENTIDADE DA REDE DE ACESSO (ANI)

Category of the Handoff Algorithm	**Proposals of the Handoff Algorithm**	**Main Parameters**	**Description of the Handoff Algorithm**	**Main Feature of the Handoff Algorithm**	**Limitations of the Handoff Algorithm**	**Other References for the Handoff Algorithm**
RSS and Network Coverage Area Based VHO Algorithm	[S. Mohanty et. al., 2006]	Fixed and Dynamic RSS	-Dynamic RSS is compared with fixed RSS in next generation wireless system. -Develop a protocol CHMP, which is used to estimates mobile's speed and predicts the handoff signaling delay of possible handoffs.	-Reduced handoff failure probability and false handoff initiation probability.	- Complexity increases in the system with wastage of resources.	[G. P. Pollini 1996, K. Pahlavan 2000, J. McNair et al.2004, A.H. Zahran et. al. 2006, , X. Yan et. al. 2008, B.-J. Chang et.al. 2008, X. Yan et.al. 2008, Navid Mirmotahhary 2008 Amitav Panda et.al 2013, Tariq MD Ali et al 2013, Shengmei Liu et al 2013]
Bandwidth Based VHO	[C. W. Lee et.	Bandwidth and user	- Consider bandwidth and user	-Proposed HiMIPv6+	- Inclusion of other	[H. Zahran et. al. 2006, K.

Algorithm	al., 2005]	application	service requirement as a main parameter for handoff decision from WLAN to WAAN and vice-versa.	scheme which reduces signaling on the internet and reduces packet loss for the mobile node during handoff.	parameters like RTT and packet loss can enhance the performanc e.	Yang et. al. 2007, C. Chi et. al. 2007]
SINR Based VHO Algorithm	[K. Yang, 2007]	SINR	-Uses combined receiving SINR from WLAN and WCDMA networks as the handoff criteria.	-Have the knowledge of bandwidth of both the networks with QoS consideration. - Offers the end user with maximum available bandwidth during the vertical handoff compared to RSS based vertical handoff. -Provides high throughput.	-Dependent on velocity of mobile and performanc e degrades with increase in velocity. -Excessive number of unnecessary handoff. -Ping pong effect.	[Roberto Corvaja 2006, Wang et.al.2011, Ammar A. et.al. 2012, Shengmei Liu et al 2013]
Security Based VHO Algorithm	[Nidhi Rastogi et.al, 2011]	Handoff delay and authenticati on time	-Proposed security scheme lies in using two different algorithms for authenticating a device in home and foreign network for the first time during VHO in heterogeneous wireless networks.	-Reduces both time required for authentication and number of messages exchanged between the device and the Network during VHO.	-The security scheme is developed for cellular networks and WLANs.	[H. Wang, 2003, Wong, W. 2010, Mahdi Aiash 2012]

3.2.2 Algoritmos VHO baseados em ponderação múltipla: Aqui, a decisão de transferência é tomada utilizando mais do que um critério para selecionar a melhor rede de entre as redes disponíveis. O esquema tem em conta vários critérios, por exemplo, atraso, jitter, débito e faturação, etc., para selecionar a melhor rede [Z. Ozturk, 2006]. O passo para o algoritmo de transferência inclui (a) decidir o objetivo principal com alternativas e critérios para atingir o objetivo, (b) atribuir peso a todos os critérios entre si. O critério é decidido com base na sua importância, por exemplo, o peso do atraso deve ser o menor para a aplicação de voz. c) O custo da rede é calculado em função dos parâmetros de QoS. d) A classificação da rede é feita em função do seu valor mínimo para a melhor aplicação. e) Os diferentes modelos são utilizados para selecionar a melhor rede. Os algoritmos VHO baseados na ponderação múltipla são ainda subclassificados com base na tomada de decisão por atributos múltiplos, com base na função de custos, na utilidade e na política, que são descritos a seguir:

a) *Algoritmos VHO baseados na tomada de decisão por atributos múltiplos (MADM):* MADM significa tomar a decisão de preferência sobre as alternativas disponíveis que são caracterizadas por múltiplos atributos. A MADM é um ramo da tomada de decisão com critérios múltiplos (MCDM) que também inclui a tomada de decisão com objectivos múltiplos (MODM). O MODM fornece as melhores alternativas para um determinado conjunto de objectivos contraditórios. Existem vários algoritmos de transferência baseados na MADM, tais como a ponderação aditiva simples (SAW), a técnica de ordenação das preferências por semelhança com a solução ideal (TOPSIS), o modelo do processo de hierarquia analítica (AHP), a ponderação exponencial multiplicativa (MEW), o modelo de análise relacional cinzenta (GRA) e o modelo de eliminação e escolha da prioridade de tradução (ELECTRE). *O algoritmo VHO baseado no modelo SAW* é utilizado para calcular a pontuação global da rede de destino, sendo determinado pela soma ponderada de todos os parâmetros de informação de transferência. É provavelmente o método mais conhecido e amplamente utilizado. O SAW requer uma escala comparável para todos os elementos da matriz de decisão. A rede com a pontuação mais elevada será selecionada como rede-alvo. *O algoritmo VHO baseado no modelo TOPSIS* baseia-se no conceito de que a alternativa escolhida deve ter a distância mais curta em relação à solução ideal. Deve estar a maior distância da solução ideal negativa. Assim, o modelo TOPSIS é utilizado para escolher a rede mais próxima da solução ideal e a mais afastada da solução mais desfavorável [Wenhui Zhang et. al 2004 e P. Tran 2008]. *O algoritmo VHO baseado no modelo MEW* multiplica os valores dos atributos para obter a pontuação da rede [E. Stevens-Navarro et.al 2006 e P. Tran et.al, 2008]. A pontuação obtida através deste algoritmo não tem um limite superior. Assim, é fácil comparar a pontuação com a rede real positiva. Tem menos precisão do que o modelo TOPSIS. Também é conhecido como modelo de produto ponderado (WP). *O algoritmo VHO baseado no modelo GRA* foi originalmente desenvolvido por Deng Julong e tem sido amplamente utilizado para resolver os problemas de incerteza que não dispõem de informação perfeita ou nenhuma informação [Deng Julong, 1989, E. Stevens-Navarro et.al., 2006 e Yi Wen-de 2007]. De facto, nenhuma destas situações idealizadas ocorre em problemas do mundo real. De facto, as situações entre estes extremos são descritas como sendo cinzentas ou difusas. Assim, um sistema cinzento significa um sistema em que parte da informação é conhecida e parte da informação é desconhecida. A GRA utiliza dados originais, facilita o cálculo e, finalmente, é um dos melhores métodos para tomar decisões num ambiente incerto em redes de rádio cognitivas para tomar decisões de transferência. *O algoritmo VHO baseado no modelo AHP* converte o problema de seleção da rede em vários subproblemas. O peso é atribuído a cada subproblema. O problema complexo é dividido em subproblemas numa hierarquia de factores de decisão que são simples e fáceis de analisar [A Z. Ozturk, 2006, Ggeliki Sgora et al 2010 e E. Stevens-Navarro et.al.,2006]. *O algoritmo VHO baseado no modelo ELECTRE* é um dos algoritmos VHO baseados no modelo MADM que efectua comparações de pares entre alternativas, para resolver o problema da seleção da rede. Basicamente, mede a satisfação e a insatisfação do decisor quando uma alternativa é comparada com outra [Farooq Bari, 2007 e Lusheng Wang 2013].

b) Algoritmo VHO baseado em funções de custo: Vários trabalhos utilizam funções de custo no processo de decisão de handoff. [A. Hasswa, 2005,2006, N. Nasser et al 2006, Kumar et al., 2017b, 2017c, 2017d] propõem uma função de custo para a tomada de decisão de handoff vertical em redes sem fios heterogéneas. Propuseram uma função de custo baseada em parâmetros de recolha de informações VHO, como se segue:

$$Q_i = \omega_c C_i + \omega_s S_i + \omega_P P_i + \omega_D D_i + \omega_F F_i \quad (1)$$

Onde ω_c , ω_s , ω_P , ω_D , ω_F são os pesos atribuídos aos parâmetros cuja soma é igual a

1. Q_i representa o fator de qualidade ou a função de custo da i-ésima rede, C_i é o custo do serviço, S_i é o nível de segurança, P_i é o consumo de energia, D_i é a condição da rede e F_i representa o desempenho da rede. Com base na função de custo, a decisão sobre o VHO é tomada num ambiente heterogéneo. [Chen et al., 2004] propõe um esquema adaptativo baseado no processo de decisão de handoff descrito acima. Em [F. Zhu et. al., 2004], é calculada uma função de custo para avaliar a rede alvo que estabelece um compromisso entre a satisfação do utilizador e a eficiência da rede.

c) Algoritmo VHO baseado na utilidade: Uma função de utilidade é definida como uma medida do nível de satisfação do utilizador de acordo com as condições da rede. As vantagens são o equilíbrio dos parâmetros de recursos atribuídos. Assim, mostra a quantidade de parâmetros de recursos que são utilizados pelos utilizadores. Estes esquemas têm um melhor desempenho em termos de equilíbrio da carga da rede para uma seleção adequada da rede e outras fases de transferência. Há muitos esquemas de VHO baseados na utilidade disponíveis em [X. Xu et al 2008, O. Ormond et.al 2006, H. Wang et.al 2010, J. M. Lee 2006 e Q.-T. Nguyen-Vuong 2008]. [O. Ormond et.al 2006] propõe uma seleção de rede inteligente baseada na utilidade para além dos sistemas 3G. São desenvolvidas várias funções de utilidade com base nas escolhas e nos riscos do utilizador. Os utilizadores que assumem riscos estão dispostos a pagar mais por um melhor serviço. Assim, os utilizadores são classificados com base nas suas escolhas e riscos nas categorias de utilizadores neutros em relação ao risco, utilizadores que procuram o risco e utilizadores adversos ao risco. Os utilizadores neutros em termos de risco são aqueles que preferem pagar menos a sofrer menos atrasos. Os utilizadores que procuram o risco são os utilizadores que preferem a alternativa de menos atrasos à garantia de poupança de dinheiro. Os utilizadores adversos ao risco são os utilizadores que preferem ter a certeza de pagar menos.

*d) Algoritmo VHO baseado em políticas: [*H. Wang et. al., 1999] permite uma decisão de handoff baseada em políticas para a decisão VHO em HWNs. Baseia-se em qual é o melhor sistema sem fios em cada momento, com base em alguns parâmetros de política. Com base nos parâmetros de política, o autor introduziu a função de custo baseada em políticas para selecionar a melhor rede disponível na tomada de decisão, combinando diferentes parâmetros de desempenho de transferência, como a largura de banda B_n que a rede n pode oferecer, o consumo de energia P_n da utilização do dispositivo de rede para n e o custo monetário C_n de n. O custo de utilização de uma rede n num determinado momento, sendo N(t) a função de normalização do parâmetro i, é definido como

$$f_n = w_b \,.\, N\left(\frac{1}{B_n}\right) + w_p.N(P_n) + w_c.N(C_n) \quad (2)$$

Em que w_b, w_p e w_c são as funções de peso de cada parâmetro cuja soma é igual a 1. A rede que, de acordo com os cálculos, tem o custo mais baixo é escolhida como a rede-alvo ou a melhor rede. Por esse motivo, a largura de banda é considerada como o inverso do seu valor.

QUADRO III

ALGORITMOS VHO BASEADOS EM PONDERAÇÃO MÚLTIPLA

Category of the Handoff Algorithm		**Proposals of the Handoff Algorithm**	**Main Parameters**	**Description of the Handoff Algorithm**	**Main Feature of the Handoff Algorithm**	**Limitations of the Handoff Algorithm**	**Other References for the Handoff Algorithm**
MADM Based VHO Algorithms	SAW Based VHO Algorithm	[Wenhui Zhang et. al 2004]	Price, bandwidth, SNR, sojourn time, seamlessness and battery consumption.	- calculates the overall score the target network, is determined by the weighted sum of all the handoff information parameters. -The network with highest ranking score will be selected as a target network.	-Easy to use as it calculates the overall score as a weighted sum of all attribute values. -Provides a conservative ranking; is less sensitive to very good or very bad performance scores.	-SAW is less sensitive to user preferences.	[E. Stevens-Navarro et.al 2006, P. Tran et.al 2008, J. Martinez-Morales 2010, Kumar et al., 2017a, 2017b, 2017c, 2017d
	TOPSIS Based VHO Algorithm	[Wenhui Zhang et. al 2004]	Price, bandwidth, SNR, sojourn	- It is used to choose network which is the closest to ideal	-It is more sensitive to user preferences	-Suffers from ranking abnormalities, meaning	[Stevens-Navarro et.al 2006, P. Tran et.al

			time, seamlessness and battery consumption.	solution and the farthest from the worst-case solution.	and attributes value compared to SAW.	that when one of alternative is removed from the candidates list, the normalized attribute values of all alternatives will change.	2008, J. Martinez-Morales 2010, Vasu Kantubukta 2013]
	MEW Based VHO Algorithm	[E. Stevens-Navarro et.al.,2006]	Available, bandwidth , end-to-end delay, jitter, and BER.	-Multiply the attribute values to get the network score.	-The score obtained through it does not have upper bound. So, it is easy to compare the score with the positive real network.	-It is less accurate than TOPSIS.	[P. Tran et.al, 2008 J. Martinez-Morales 2010]
	AHP Based VHO Algorithm	[E. Stevens-Navarro et.al.,2006]	-Available bandwidth , end-to-end delay, jitter, and BER.	-Convert the network selection problem into several sub-problems and weight is assigned to each sub problem.	- Complex problem is divided into sub problem into a hierarchy smaller one which is simple and easy to analyze.	- Suffers from rank reversal as big problem is divided into several sub problems.	[A Z. Ozturk, 2006, Ggeliki Sgora et al 2010, 74. Mohamed Lahby 2012]
	GRA Based VHO Algorithm	[E. Stevens-Navarro et.al.,2006]	-Available bandwidth , end-to-end delay, jitter, and BER.	-The network selected is based on AHP and Grey Relational Analysis (GRA). AHP decomposes the network selection problem into several sub problems and assigns a weight value for each	- The Grey Relational Coefficient is the score used to describe the similarity between each candidate network and the ideal network. The selected network is	- The algorithm gives poor result in real world scenarios.	[Deng Julong, 1989, Yi Wen-de 2007 Ggeliki Sgora et al 2010, J. Martinez-Morales 2010, Kumar et al., 2017a, 2017b, 2017d]

				sub-problem. Then, GRA is used to rank the candidate networks and selects the one with the highest ranking.	the one which has highest similarity to the ideal network.		
	ELECTRE Based VHO Algorithm	[Farooq Bari, 2007]	Cost per Byte, total bandwidth , allowed bandwidth , utilization, packet delay, packet jitter and packet loss.	-It performs pairwise comparisons amongst alternatives, to solve the problem of the network selection.	-Useful in adopt to application in network selection as it expands its applicability to wider range of optimization objectives in a heterogeneous wireless network environment having variety of service types.	-More complex algorithm compared to SAW, TOPSIS, and MEW.	[J. Martinez-Morales 2010, Lusheng Wang 2013]
Cost Function Based VHO Algorithm		[A. Hasswa et.al,06]	The cost of service, the security level, power consumption, network conditions , and network performance.	-Propose a cost function for vertical handoff decision making in heterogeneous wireless networks based on the user preferences. -Optimized handoff decision.	- Prioritize the different network characteristics and assign weights to different parameters for VHO decision.	- No trade off in the handoff information collection parameters. -Extra load on the system. -Difficult to estimate the cost of some parameters.	[Chen et al., 2004, F. Zhu et. al., 2004 A. Hasswa et.al, 2005, Nasser et al 2006, Kumar et al., 2017b, 2017c, 2017d]
Utility Based VHO Algorithm		[O. Ormond et.al 2006]	Transmission time, data transfer completion time, and total	- It measures of the users' satisfaction level according to network conditions for balancing the	-Balance the available resources. -Cost effective and save battery lifetime.	- Not suitable for real time applications. -Not proper network selection in	[X. Xu et al 2008, H. Wang et.al 2010, J. M. Lee 2006 and Q.-T. Nguyen-

		cost.	allocated resource parameters.		many cases.	Vuong 2008]
Policy Based VHO Algorithm	[H. Wang et. al., 1999]	Bandwidth, power consumption, and monetary cost	-Best wireless system selection based policy is used and the cost function is developed for this policy.	-Improves the system flexibility and extensibility. It allows users to issue policies and have their mobile host connected to the most desirable network. -Estimates a network condition estimation scheme along with other policy enabling mechanisms. -Performance evaluation is done from the aspect of handoff latency.	-User based policies may contain conflicting requirements w.r.t. different parameters, and can halt the whole system. -Understanding the relationship between parameters, and verifying user policies is open issue. -Policy model has not taken running applications into consideration.	[Navid Mirmotahhary 2008]

3.2.3 Algoritmos VHO baseados no utilizador

O handoff centrado no utilizador, que considera a decisão de handoff vertical das preferências do utilizador, é o parâmetro de política mais interessante para uma estratégia centrada no utilizador. Este tipo de estratégia de transferência é muito útil para redes sem fios do tipo adhoc, como as VANET e as comunicações máquina a máquina, etc. Existem muitos algoritmos de VHO baseados no utilizador [A. Calvagna et. al., 2004]. Os algoritmos VHO centrados no utilizador são ainda subclassificados como

a) *Algoritmo VHO baseado no custo para o utilizador:* [A. Calvagna et. al., 2004] é proposto um modelo de estratégias de handoff centradas no utilizador que tem em conta as preferências do utilizador em termos de custo e QoS. Considera duas redes diferentes, as redes GPRS e Wi-Fi. A prioridade é dada à rede GPRS em relação à rede Wi-Fi quando alguém está disposto a pagar sem corte de ligação e a rede Wi-Fi é para quem está disposto a pagar menos. Assim, a função de custo ótimo baseada no que precede é

$$C= T_{\_WiFi}.c_{\_WiFi}(h) + T_{\_GPRS}.c_{\_GPRS}(h) \quad (3)$$

em que T_{WiFi} (h)e T_{GPRS} (h): o tempo utilizado pelo utilizador na rede de acesso WiFi e GPRS; c_{WIFI} (h) e c_{GPRS} (h): a taxa por unidade de tempo de utilização dessa rede que é cobrada por esse operador e C: o custo monetário para o utilizador numa determinada sessão de comunicação. Assim, o handoff acima descrito considerou a escolha do utilizador com base em alguns parâmetros num sistema integrado de acesso múltiplo (GPRS/Wi-Fi).

b) *Algoritmo VHO baseado na previsão do padrão de mobilidade do utilizador:* [Stefan Michaelis et.al. 2006] propõe a previsão da mobilidade do utilizador para um handoff preciso, o que aumenta a precisão do acionamento do handoff. Basicamente, a previsão permite obter conhecimentos sobre as futuras posições dos utilizadores. Isto pode ajudar a preparar a ativação da transferência de células com antecedência. Foram comparados três algoritmos diferentes e verificou-se que cada um deles melhorou a precisão da ativação do handoff. A combinação de diferentes algoritmos de previsão de handoff conduz a melhores resultados. [Jae-il Jung, 2004] propõe um esquema de previsão de mobilidade para evitar transferências mais frequentes e a desconexão da célula de transferência existente. Se for possível prever a próxima célula para a qual um utilizador móvel se vai deslocar, a ligação do utilizador pode ser mantida reservando a largura de banda necessária. Assim, podem ser evitadas as transferências frequentes e a desconexão da célula de transferência existente.

QUADRO IV

ALGORITMOS VHO CENTRADOS NO UTILIZADOR

Category of the Handoff Algorithm	Proposals of the Handoff Algorithm	Main Parameters	Description of the Handoff Algorithm	Main Feature of the Handoff Algorithm	Limitations of the Handoff Algorithm	Other References for the Handoff Algorithm
User Cost Based VHO Algorithm	[A. Calvagna et. al., 2004]	Time, momentary cost, number of packet, packet loss, and packet delay.	-Estimates the cost function based on user preferences even if the selected network is not optimum one at that instant.	- Balance the load on the basic of user cost. Hence it fulfills the user requirement.	-Resource utilization is not proper as this algorithm depends on user choice to calculate the cost function.	Kumar et al., 2017b, 2017c, 2017d
User Mobility Pattern Prediction Based VHO Algorithm	[Stefan Michaelis et.al. 2006]	Base station location w.r.t. user, transition rate.	- User mobility prediction for accurate handoff which increases handoff triggering accuracy	- Use of algorithm showed improvement in handoff triggering accuracy. - Improvement in connection to the networks.	- As user is random, so poor prediction of user lead poor handoff triggering accuracy.	--

3.2.4Algoritmos VHO baseados em inteligência

O desempenho do VHO em ambiente heterogéneo pode ser melhorado se for aplicada inteligência à decisão sobre o VHO. As vantagens são a redução da transferência desnecessária, a perda de pacotes, a redução do atraso da transferência e do consumo da bateria, etc. Para tal, é necessária uma abordagem que nos aproxime de condições de rede realistas. Para tal, é necessário introduzir no sistema conhecimentos de tipo humano. Os seres humanos pensam normalmente em termos de descrições linguísticas. A lógica difusa utiliza o conhecimento humano através de uma descrição difusa ou linguística. Para tal, são necessárias algumas ferramentas para correlacionar, analisar e comunicar a rede utilizando uma fonte e uma entrada. Tudo isto motiva a criação de um VHO inteligente em redes sem fios heterogéneas. A lógica difusa (Fuzzy Logic - FL) e as redes neurais artificiais (Artificial Neural Networks - ANN) são a abordagem matemática inteligente para a tomada de decisões VHO. Por conseguinte, os algoritmos VHO baseados na inteligência são classificados em termos gerais como algoritmo VHO baseado em FL e algoritmo VHO baseado em ANN.

Para compreender corretamente esta secção, é necessário conhecer a lógica difusa e o conceito de RNA [N. D. Tripathi, 1997 e L. A. Zadeh, 1965]. Lógica difusa: A informação pode ser representada sob a forma de números ou de descrições linguísticas. Por exemplo, as temperaturas de 5° C e 30° C podem ser representadas pelos termos "frio" e "quente" em forma linguística. Em seguida, a temperatura entre 5° C e 30° C, que pode ser designada por conjunto difuso (ou região difusa). Os seres humanos pensam normalmente em termos de descrições linguísticas. A lógica difusa utiliza o conhecimento humano através de uma descrição difusa ou linguística, dando a estas descrições uma forma matemática que ajuda a explorar o conhecimento humano. Os dados do sistema são convertidos em conjuntos difusos com alguns critérios comparativos (como a temperatura fria e quente acima). Este conjunto de dados pode ser representado por qualquer valor entre 0 e 1, dependendo de uma função de associação. Estes valores de associação para os conjuntos difusos são obtidos através do mapeamento das medições de um determinado parâmetro numa função de associação. *Rede Neuronal Artificial (RNA):* A RNA é gerada a partir de um neurónio artificial. Um neurónio artificial é um modelo computacional inspirado nos neurónios naturais. Um tipo de rede considera os nós como "neurónios artificiais". São as chamadas redes neuronais artificiais (RNA). A topologia da RNA é apresentada na Fig. 8. A topologia de três camadas de uma rede neuronal artificial é apresentada a seguir. É constituída por uma camada de entrada, uma camada oculta e uma camada de saída. A camada de entrada é constituída por cinco nós que representam vários parâmetros de recolha de informações de transferência para as redes candidatas a alvos de transferência. A camada oculta é constituída por um número variável de nós que são funções de ativação. A camada de saída tem um nó que é utilizado para selecionar a rede-alvo [Xiaohuan Yan et al 2010].

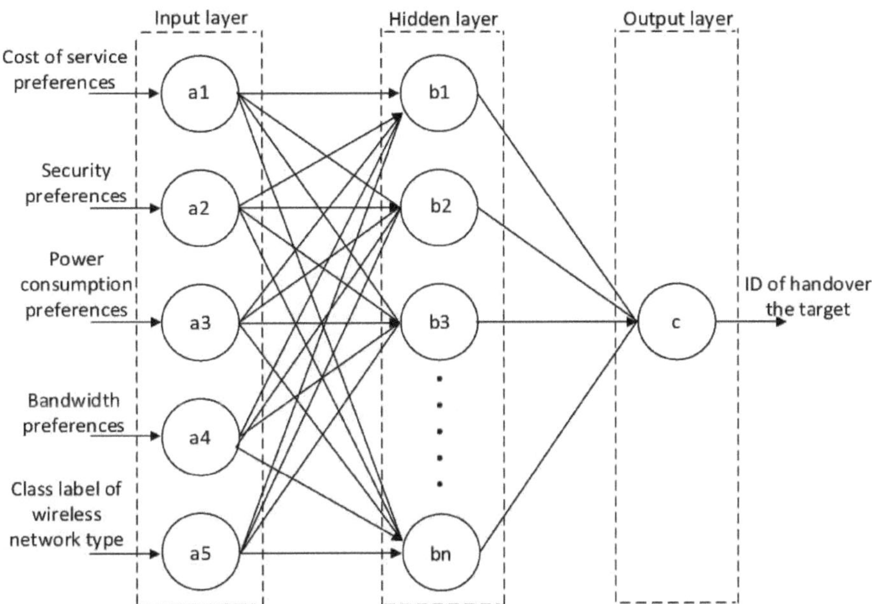

Fig. 8. Topologia da rede neuronal artificial

a) Algoritmo VHO baseado na lógica difusa (FL): A lógica difusa (FL) é a abordagem matemática inteligente para a tomada de decisões VHO. [J. Hou et al 2006] propõe um esquema de tomada de decisões VHO utilizando a lógica difusa para a integração de rádio e ótica sem fios, tanto em termos de capacidade como de cobertura. Este esquema baseado na lógica difusa é capaz de se adaptar às alterações da rede e do tráfego e de incorporar as métricas incertas e contraditórias. O esquema consegue um excelente atraso na transferência de pacotes. Estes algoritmos utilizam o conceito de múltiplos critérios ou atributos para desenvolver algoritmos de decisão avançados. [H. Attaullah 2008] propõe um VHO inteligente para melhorar a QoS utilizando a lógica difusa. Os parâmetros de QoS das redes disponíveis e das redes de destino são utilizados como valores de entrada para a criação do VHO. [K. Pahlavan et.al., 2000 e J. Makela et.al. 2000] propõem um algoritmo de transferência vertical baseado em redes neurais que satisfaz os requisitos de largura de banda do utilizador. Os métodos MADM não podem tratar eficazmente um problema de decisão com dados imprecisos. A utilização de FL com MADM não se limita a lidar com informações imprecisas, mas também a combinar e avaliar vários critérios em simultâneo. Assim, o conceito de FL fornece uma abordagem matemática para a tomada de decisões de transferência vertical, conhecida como MADM difusa. Por outro lado, o algoritmo baseado em FL executa o algoritmo de decisão de transferência para escolher o momento apropriado e a rede de acesso mais adequada de acordo com as preferências do utilizador. Muitos esquemas propuseram a combinação da lógica difusa com algoritmos MADM [Wenhui Zhang 2004, P. Chan 2002, S. Kher 2005 e A. Ezzouhairi 2008, Bin Ma et. al. 2012]. [A. Ezzouhairi 2008] propõe um novo esquema de decisão VHO baseado na lógica difusa de tomada de decisões que tem em conta as informações de contexto para desencadear o handoff e escolher a rede óptima em função dos requisitos do terminal móvel e da capacidade da rede próxima. Os parâmetros de RSS, VRSS, largura de banda disponível, estado do tráfego e desempenho do handoff são tidos em conta na tomada de decisão sobre a VHO.

b) VHO baseado em redes neuronais artificiais (RNA): [P. Bhattacharya, 2007] aplicou RNA para técnicas de handoff rápidas e exactas, aplicáveis a sistemas em tempo real. O autor teve em conta o RSS, a distância e a possibilidade de transferência neste algoritmo. Observou-se que o número médio de handoffs também é baixo. Devido a este facto, a carga da estação de base e do processador do centro de comutação móvel é minimizada. Existem muitos esquemas baseados em RNA para tomar decisões sobre VHO [N. Nasser et.al 2007, e S. Horrich 2007, Ali Calhan 2013].

A FL e a NN podem ser combinadas para criar algoritmos de decisão de handoff vertical único. [Q. Guo et.al, 2005] propõe um algoritmo que consiste numa rede neural Elman modificada (MENN) para o número de utilizadores previstos que alteram o handoff. Pode ser considerada como uma entrada de decisão adaptativa multi-critério e um Sistema de Inferência Difusa (FIS) que faz a análise desses critérios e toma a decisão final de acordo com as entradas.

QUADRO V

ALGORITMOS VHO BASEADOS NA INTELIGÊNCIA

Category of the Handoff Algorithm	Proposals of the Handoff Algorithm	Main Parameter	Description of the Handoff Algorithm	Main Feature of the Handoff Algorithm	Limitations of the Handoff Algorithm	Other References for the Handoff Algorithm
Fuzzy Logic (FL) based VHO	[A. Ezzouhairi 2008]	RSS, VRSS, available bandwidth, traffic status and handoff performance.	-Proposes a new decision making fuzzy logic based VHO decision scheme which considers context information to trigger handoff and choose optimal network with respect to mobile terminal requirement and nearby network capability.	- Proposed decision-making approach maximize user preferences compared to the RSS based decision methods. -Deals adequately with handoff triggering by taking into account forced and voluntary handoffs. -Reduced packet loss -Intelligent decision algorithm.	-Not explain how unsuitable networks are eliminated and how a network is chosen for handoff. -Increased complexity and delay.	[A Z. Ozturk, 2006 Ali Calhan 2010, Vasu Kantubukta 2013]
Artificial Neural Network (ANN) Based VHO	[P. Bhattacharya, 2007]	RSS, distance and possibility of handoff.	- Applied ANN for fast and accurate handoff techniques which are applicable to real time system. -Can tackle complex and dynamic situation for making VHO decision.	-Average numbers of handoffs are also low. load on base station and mobile switching center processor loading is minimized. -Intelligent decision	-Higher latency -Increased complexity.	--

3.2.5Algoritmos VHO baseados na teoria dos jogos

A decisão sobre o handoff vertical é um desafio claro para as redes sem fios da próxima geração, que enfrentarão diferentes tecnologias de acesso sem fios. As teorias matemáticas, como a teoria dos jogos, a teoria dos grafos, etc., são decisores eficazes para este tipo de ambiente [Dusit Niyato et.al. 2009, Ahmad Awada 2010]. A teoria dos jogos está relacionada com as acções dos decisores cujas acções se afectam mutuamente. Os elementos essenciais da teoria dos jogos são os jogadores, o conjunto de estratégias, os ganhos de cada jogador, o equilíbrio, etc. O jogador é o nó individual que toma a decisão na rede. Os jogadores podem ser cooperativos ou não cooperativos com base no seu conjunto de estratégias. O conjunto de estratégias contém todas as estratégias que um jogador pode escolher. Com base nas estratégias, é decidido o prémio de cada jogador. O prémio é a utilidade que um jogador pode receber ao escolher uma determinada estratégia quando todas as estratégias dos outros jogadores já foram escolhidas. Com base nas estratégias, são decididas as condições de equilíbrio, que é a combinação de estratégias que contém a melhor estratégia para cada jogador.

a) Algoritmo VHO baseado em jogos não cooperativos: Na abordagem da teoria dos jogos não cooperativos, cada jogador escolhe egoisticamente a melhor estratégia e não partilha a sua informação no sistema. A vantagem de o fazer é maximizar o seu próprio lucro, mas a sua principal desvantagem é o não equilíbrio de carga. O não equilíbrio da carga significa que algumas redes ficam congestionadas enquanto outras permanecem pouco carregadas. [Xingwei Liu et. al., 2011] propõe estratégias de handoff vertical baseadas em jogos não cooperativos. Aqui, é gerado um modelo de licitação multi-tenderer entre utilizadores móveis e redes de acesso heterogéneas. As estações móveis escolhem a rede mais adequada em redes heterogéneas e, com base na não-cooperação, maximizam o retorno, respetivamente, no modo de infraestrutura. A QoS é determinada com base em vários parâmetros, como a largura de banda, o atraso, o jitter e o rácio de perdas, etc. Com base em várias classes de tráfego, como VoIP, vídeo, etc., são atribuídos pesos a vários parâmetros.

b) Algoritmo VHO baseado em jogos cooperativos: Na abordagem da teoria dos jogos baseada em jogos cooperativos, cada jogador partilha a sua informação de forma cooperativa entre os nós e a rede. As vantagens de o fazer são o equilíbrio adequado da carga. Estes tipos de abordagens não maximizam o lucro individual do nó, mas o equilíbrio global da carga é efectuado. As redes não ficam congestionadas em comparação com a abordagem baseada em jogos não cooperativos. [Xingwei Liu et. al., 2011] propõe estratégias de handoff vertical baseadas em jogos cooperativos. Aqui, é gerado um modelo de licitação multi-tenderer entre utilizadores móveis e redes de acesso heterogéneas. A estação móvel escolhe a rede mais adequada em redes heterogéneas e, com base na QoS, coopera para conseguir o equilíbrio de carga no modo de infraestrutura. A QoS é determinada com base em vários parâmetros, como a largura de banda, o atraso, o jitter e o rácio de perdas, etc. Com base em várias classes de tráfego, como VoIP, vídeo, etc., são atribuídos pesos a vários parâmetros.

QUADRO VI

ALGORITMOS VHO BASEADOS NA TEORIA DOS JOGOS

Category of the Handoff Algorithm	**Proposals of the Handoff Algorithm**	**Main Parameters**	**Description of the Handoff Algorithm**	**Main Feature of the Handoff Algorithm**	**Limitations of the Handoff Algorithm**	**Other References for the Handoff Algorithm**
Non-Cooperative Game Based VHO Algorithm	[Xingwei Liu et. al., 2011]	Bandwidth, delay, jitter, and loss ratio	-Proposes non-cooperative game based vertical handoff algorithm where each node chooses selfishly the best strategy and do not share its information.	-Maximize Individual node payoff.	- No load balancing, some networks may be heavenly congested and some may lightly loaded. -Security issues.	Kumar et al., 2017b]
Cooperative Game Based VHO Algorithm	[Xingwei Liu et. al., 2011]	Bandwidth, delay, jitter, and loss ratio	-Proposes cooperative game based vertical handoff algorithm where each node share its information among the nodes and access networks	-Load balancing is done in the system.	- Not useful in individual node profit -Security issues.	Kumar et al., 2017b]

3.2.6Algoritmos VHO baseados no conhecimento do contexto

Trata-se de uma estratégia de handoff inteligente para uma melhor decisão. O conceito de handoff consciente do contexto baseia-se no conhecimento das informações de contexto da estação móvel e das redes candidatas, a fim de tomar decisões inteligentes e mais correctas [Q. Wei et. al., 2006]. A informação de contexto significa a situação do nó móvel e da rede de acesso, etc. A solução proposta fornece mecanismos inteligentes com a combinação de informações sobre o contexto e informações sobre a decisão de efetuar o handoff. Existem muitos esquemas de VHO baseados em informações de contexto [J.-Y. Hong 2009, S. Balasubramaniam et al 2004, T. Ahmed 2006]. Por conseguinte, os algoritmos

VHO baseados em informações de contexto necessitam das seguintes subclassificações:

a) Algoritmo VHO baseado na cooperação consciente do contexto: O objetivo do esquema VHO baseado na cooperação consciente do contexto é o equilíbrio global da carga no sistema. [Xingwei Liu et. al., 2011] a. Aqui, é gerado um modelo de licitação multi-tenderer entre utilizadores móveis e redes de acesso heterogéneas com a ajuda da largura de banda, do atraso, do jitter, da perda de pacotes e do custo oferecido pela rede. Esta informação de contexto está disponível nas redes. O modelo de licitação baseia-se nas três estratégias e cada rede é apresentada como um conjunto finito ou denotada como uma licitação. Em relação a cada oferta, é definida uma função de compensação que é utilizada para calcular a função de utilidade global da rede-alvo. Em seguida, a estação móvel escolhe a rede mais adequada em redes heterogéneas e com base na QoS, de forma cooperativa, para conseguir o equilíbrio da carga no modo de infraestrutura. A QoS é determinada com base em vários parâmetros, como a largura de banda, o atraso, o jitter e o rácio de perdas, etc. Com base em várias classes de tráfego, como VoIP, vídeo, etc., são atribuídos pesos a vários parâmetros. O esquema proposto consegue um melhor equilíbrio de carga em comparação com os esquemas não cooperativo, SAW, TOPSIS e GRA. Existem muitos algoritmos de VHO baseados na cooperação consciente do contexto com os seus próprios méritos [E. H. Ong et.al. 2010, C.-Y. et. al.2011, A. Ahmed et.al. 2010 e A. Ahmed 2010]. [E. H. Ong et.al. 2010] propõe uma estrutura de gestão cooperativa de recursos de rádio para o futuro ambiente de tecnologias de acesso múltiplo via rádio baseadas em IP para utilização de recursos de rádio. O autor introduziu uma nova arquitetura de handoff distribuído Terminal Oriented Network Assisted (TONA) para redes de acesso heterogéneas através do núcleo de rede baseado em IP. Mostra também que a arquitetura TONA handoff suporta a cooperação inter-redes entre redes de acesso que facilita o intercâmbio cooperativo de informações de contexto QoS.

b) Algoritmo VHO baseado em AHP com conhecimento do contexto: O problema complexo é dividido em subproblemas numa hierarquia de factores de decisão com base no conhecimento do contexto. [Q. Song et.al. 2008] propõe um algoritmo de decisão de handoff vertical baseado na negociação da qualidade do serviço, em que o peso dos parâmetros é calculado pelo AHP. O principal objetivo do algoritmo são os utilizadores com uma melhor qualidade de serviço (QoS) e a maximização das receitas da rede. O esquema trata tanto do lado do utilizador como do lado da rede através de uma função de mérito da rede adequadamente definida e de um modelo de negociação utilizador-operador. A função de mérito é decidida pelo desempenho da rede com base nas preferências do utilizador e decide qual a rede mais adequada para os utilizadores. O peso é calculado pelo AHP [Song, Q. 2005 e Sutton, R. 1998] ou atribuído diretamente pelo utilizador quando é gerada uma nova chamada e ajustado de acordo com as preferências do utilizador. Os parâmetros utilizados são o atraso extremo-a-extremo, o BER, o custo (por Kbytes), a área de cobertura, o atraso na seleção da rede, a velocidade, a probabilidade de abandono da chamada de transferência e a taxa de rendimento. Verifica-se que a potência consumida é significativamente reduzida e, entretanto, os candidatos a redes adequadas são decididos atempadamente no momento da descoberta e seleção da rede. Propõe também um mecanismo de negociação utilizador-operador para selecionar os candidatos à rede de acordo com as preferências do operador de rede em termos de receitas. Assim, é estabelecido um compromisso entre os benefícios dos utilizadores e dos operadores ao tomar a decisão sobre a VHO.

*c) Algoritmo VHO baseado em agentes móveis: [*T. Ahmed 2006] é um algoritmo orientado para o utilizador em que os terminais podem selecionar a melhor opção disponível entre diversas redes e serviços. Propõe uma decisão de transferência consciente do contexto para dispositivos multimodo com base no AHP. Os parâmetros utilizados são a duração da bateria, a memória e a velocidade do processador. Considerou as informações sobre o contexto do utilizador e da rede para as decisões de VHO. Mas não tem em conta a localização do utilizador e os AP.

QUADRO VII

ALGORITMOS VHO BASEADOS NO CONTEXTO

Category of the Handoff Algorithm	Proposals of the Handoff Algorithm	Main Parameters	Description of the Handoff Algorithm	Main Feature of the Handoff Algorithm	Limitations of the Handoff Algorithm	Other References for the Handoff Algorithm
Context Aware Cooperation Based VHO Algorithm	[Xingwei Liu et. al., 2011]	Bandwidth, delay, jitter, and loss ratio.	-Proposes cooperative game based vertical handoff strategies where each node shares its context information among the nodes and access networks. -The bidding model is formed based on assumptions.	- Load balancing is done in the system. - Proposed scheme achieves better load balancing compared to non-cooperative, SAW, TOPSIS and GRA. -Suitable for real time system. -Improved system utilization	- Not useful in individual node profit. - High signaling cost. - Security issues.	[E. H. Ong et.al. 2010, C.-Y. Wang et. al.2011, A. Ahmed et.al. 2010 and A. Ahmed 2010, Hyun-Ho Choi et al 2010, Hyun-Ho Choi et al 2010]
Context AHP Based VHO Algorithm	[Q. Song et.al. 2008]	End to end delay, BER, cost (per kbytes), coverage area, network selection delay, speed, handoff call dropping probability and revenue rate.	- Main target of the algorithm is users with enhanced quality of service (QoS) and maximize the network revenue. -Proposes a user–operator negotiation mechanism to further screen the network candidates according to network operator preferences in terms revenue.	-Consumed power is significantly reduced and meanwhile the suitable network candidates are decided timely at the time of network discovery and selection. -Tradeoff between users and operators benefits.	-Increased complexity and resource consuming.	
Mobile Agent Based VHO Algorithm	[T. Ahmed 2006]	- Battery life, memory, processor speed etc	-Terminals select the best option available from diverse networks and services for VHO decision with AHP.	- Considered both user and network context information for VHO decisions.	- Does not considered users location and APs.	--

3.2.7 Algoritmos VHO baseados no ambiente veicular: A rede móvel veicular heterogénea, como a VANET, tem algumas propriedades específicas definidas, como o percurso do movimento, a mobilidade vertical do grupo, etc. Um dos melhores exemplos é o movimento de um comboio que tem um trajeto predefinido [Arun Prakash et. al 2008]. Assim, as VHO baseadas no ambiente veicular estão a ter estratégias VHO específicas e a atrair a atenção para elas. [Kun Zhu et.al. 2009] apresentaram um estudo exaustivo da gestão da mobilidade para redes veiculares com base em cenários de comunicação veículo-veículo (V2V) e veículo-infraestrutura (V2I). Os algoritmos VHO baseados no ambiente veicular podem ser subclassificados da seguinte forma:

a) Algoritmo de Handoff de VHO baseado em VACH (Vehicle Assisted Cross layer handoff): [Prakash A. et. al., 2011] propõe um *algoritmo de handoff VHO baseado* em VACH (Vehicle Assisted Cross layer handoff) único para VANEMO (VANET com mobilidade de rede) baseado em IPv6. Este tipo de estratégia de handoff é aplicado em VANET com mobilidade colectiva de um grupo de nós (denominado NEMO). Assim, as VHO baseadas em VACH são aplicadas quando um certo número de VANET efectua uma mobilidade de grupo. Este tipo de situação surge em comboios e autocarros, etc., em que vários nós necessitam de fazer handoff em conjunto. A combinação de VANET e NEMO é designada por VANEMO. A principal vantagem do esquema é o facto de ter um desempenho superior ao do protocolo de apoio básico NEMO (NEMO BS) proposto pelo grupo de trabalho de mobilidade de rede da IETF no que respeita à latência de transferência e à perda de pacotes durante o período de transferência.

b) Algoritmo VHO distribuído optimizado: [Kaveh Shafiee et. al., 2011] propõe o Algoritmo VHO Distribuído Ótimo para ambiente veicular. Justifica que o uso de estratégias de handoff único não é adequado para o ambiente veicular, a fim de minimizar o custo de comunicação e tempo. É preferível utilizar o handoff vertical a baixa velocidade, mas tentar evitar a alta velocidade e permanecer na rede celular. A combinação de WLAN, rede celular e rede Adhoc supera as outras estratégias em ambiente veicular.

*c) Algoritmo de handoff vertical em grupo (GVHO): [*Lei Sun et.al, 2010] propõe um algoritmo de handoff vertical de grupo (GVHO) para a comunicação veicular num ambiente heterogéneo. No GVHO vertical de grupo, o terminal móvel pode selecionar egoisticamente a melhor rede de entre as redes disponíveis. Isto provoca o congestionamento da rede numa única rede. A Comissão propõe três modelos para garantir uma QoS melhor e mais fiável com base na janela temporal, na distribuição de probabilidades e na GVHO assistida pela rede. Com base no atraso de transmissão (para serviços em tempo real) e na taxa de perda de pacotes (para serviços não em tempo real), o GVHO assistido por rede é o melhor dos três modelos propostos para garantir uma QoS fiável e manter a conetividade do serviço.

[A. Prakash et. al., 2012] apresenta outro esquema de transferência utilizando NEMO para ambiente veicular que suporta a mobilidade da rede com base no IPv6 e o desempenho do mecanismo de transferência em redes móveis baseadas em routers móveis múltiplos. Aqui, os MRs recebem cooperativamente pacotes destinados uns aos outros e reduzem significativamente a perda de pacotes durante o handoff. A perda de pacotes também é independente da latência do handoff. Deste modo, proporciona um esquema de transferência sem descontinuidades para redes sem fios heterogéneas. [Wang Xiaonan et.al. 2013] propõe uma solução de gestão da mobilidade para redes veiculares baseadas no IPv6 com base na configuração de endereços e no algoritmo de encaminhamento. Com base na arquitetura proposta, é proposto um algoritmo de configuração de endereços distribuídos, um veículo pode estabelecer um caminho de encaminhamento. Por último, com base no algoritmo de encaminhamento, é proposta uma solução de gestão da mobilidade que reduz a latência do handoff e diminui a perda de pacotes.

QUADRO VIII

ALGORITMOS VHO BASEADOS NO AMBIENTE VEICULAR

Category of the Handoff Algorithm	Proposals of the Handoff Algorithm	Main Parameters	Description of the Handoff Algorithm	Main Feature of the Handoff Algorithm	Limitations of the Handoff Algorithm	Other References for the Handoff Algorithm
VACH based VHO Handoff Algorithm		Handoff latency, packet loss and velocity	- A vehicle assisted cross layer handoff strategy is applied in VANEMO.	- Minimization of handoff latency and packet loss.	-If node do not assist or pass information correctly. Then poor handoff performance.	--
Optimal Distributed VHO Algorithm	[Kaveh Shafiee et. al., 2011]	Velocity, velocity pattern, cost minimization, transmission time minimization.	-Use vertical handoff at lower speed, avoid at high speed and stay in cellular. -Combination of WLAN, cellular and adhoc network outperform other strategies in VANET.	-Cost minimization and transmission time minimization w.r.t. velocity under different combination of WLAN, cellular and adhoc.	- As user's mobility profile such as preference and transmission time are used for VHO decision. So incorrect information leads to poor handoff performance.	---
GVHO Algorithm	[Lei Sun et.al., 2010]	-Packet loss rate, average VHO request	- Three decision making models: based on time window, probability distribution and network assisted are proposed to deal with group mobility to optimized whole system performance. - Time window and probability distribution based scheme are user centric and network assisted is network assisted GVHO.	-Network assisted GVHO makes coordination among multiple VHO requests and achieve global optimization result. -When VHO requests are small, probability based scheme is better than time based scheme and vice-versa.	-If Probability distribution of each user changes adaptively, GVHO decision can be improved.	---

3.2.8 Algoritmos VHO baseados na necessidade de Handoff

A aplicação de um algoritmo de handoff adequado conduz a um handoff correto nas redes de acesso. Mas, por vezes, a aplicação de algoritmos de handoff gera uma complexidade suplementar no sistema, o que prejudica o seu desempenho. Por conseguinte, a VHO baseada na necessidade de handoff deve ser aplicada para evitar handoff desnecessários, que são subclassificados do seguinte modo

a) Algoritmo VHO baseado na estimativa da necessidade de handoff (HNE): Em muitas situações, as falhas de handoff e os handoffs desnecessários são despoletados, causando a degradação dos serviços. Reduzem o débito e aumentam a probabilidade de bloqueio e de perda de pacotes. [Issaka Hassane Abdoulaziz et.al. 2012] propõe um algoritmo de decisão de handoff vertical baseado no HNE que minimiza o número de falhas de handoff e de handoffs desnecessários em redes sem fios heterogéneas. Assim, a aplicação deste tipo de algoritmo de estimativa de handoff pode ser aplicada em HetCRNs para minimizar a falha de handoff e o handoff desnecessário. Os parâmetros de avaliação da HNE são o raio da WLAN, a potência de transmissão do AP, a distância entre o AP e o ponto de referência, o atraso do handoff da rede celular para a WLAN e vice-versa, a probabilidade tolerável de falha do handoff e a probabilidade tolerável de handoff desnecessário. O número de falhas de transferência e de transferências desnecessárias diminui em função da velocidade do telemóvel em comparação com os algoritmos VHO convencionais baseados no limiar RSS e na histerese [V. K. Varma 2003 e M. Liu et. al. 2008].

*b) Algoritmo VHO de necessidade de handoff baseado na previsão da distância percorrida: [*X. Yan et.al 2008] propõe um método baseado na previsão da distância percorrida para minimizar handoffs desnecessários de redes celulares para WLANs. Considera dois limiares que são calculados pela estação móvel quando esta entra na célula WLAN. A distância percorrida prevista é comparada com os valores dos limiares para tomar a decisão de efetuar o handoff, o que mostra a melhoria dos handoffs falhados ou desnecessários. Os parâmetros considerados são o RSS, a distância percorrida, a velocidade, as falhas de transferência e as transferências desnecessárias. A melhoria adicional pode ser efectuada através de cálculos periódicos do RSS.

c) Algoritmo VHO baseado na previsão do tempo de permanência e na necessidade de handoff: [Riaz Hussain et.al. 2013] propõe um método HNE vertical baseado na previsão do tempo de permanência que minimiza os handoffs desnecessários para um MN que entra numa célula WLAN. Considera dois valores de limiar para a decisão de handoff, correspondentes à probabilidade de falha de handoff e à probabilidade de handoff desnecessário. Os resultados são comparados com os existentes utilizando a simulação Monte-Carlo. Utilizou também o ganho de rendimento, um novo parâmetro que fornece um modelo analítico melhorado para o HNE. Considerou igualmente o efeito de outros parâmetros nas redes antiga e alvo, o tempo de interrupção do serviço e o débito na rede antiga. A consideração do ganho de débito pode efetivamente evitar transferências inúteis. A otimização adicional pode ser feita tendo em conta o custo de acesso, o alcance da cobertura, a fiabilidade e a segurança, etc.

QUADRO IX

ALGORITMOS DE VHO BASEADOS NA NECESSIDADE DE TRANSFERÊNCIA

Category of the Handoff Algorithm	**Proposals of the Handoff Algorithm**	**Main Parameters**	**Description of the Handoff Algorithm**	**Main Feature of the Handoff Algorithm**	**Limitations of the Handoff Algorithm**	**Other References for the Handoff Algorithm**
Handoff Necessity Estimation (HNE) based VHO algorithm	[Issaka Hassane Abdoulaziz et.al. 2012]	Handoff failure and unnecessary handoff failure.	-Purposes vertical handoff decision algorithm handoff necessity estimation which minimizes the number of handoff failure and unnecessary handoff in heterogeneous wireless networks with velocity of mobile.	-The number of handoff failure and unnecessary handoff failure decreases with respect to velocity of mobile compared with conventional RSS threshold based and hysteresis	-Increased complexity. - More complex in adhoc environment.	--

				based VHO algorithms.		
Traveling Distance Prediction Based Handoff Necessity VHO Algorithm	[X. Yan et.al 2008]	RSS, distance travelled, velocity, handoff failures, and unnecessar y handoffs.	-Proposes traveling distance prediction based method to minimize unnecessary handoffs from cellular networks to WLANs	-The predicted travelling distance is compared against the threshold values to make handoff decision which shows the improvement in failed or unnecessary handoffs.	-Periodical calculations of RSS provide better prediction.	---
Dwell Time Prediction Based Handoff Necessity VHO Algorithm	[Riaz Hussain et.al. 2013]	Dwell time, throughput, service disruption time, handoff failure and unnecessar y handoff failure.	-Proposes dwell time prediction based vertical HNE method which minimize unnecessary handoffs for a MN entering a WLAN cell considering two threshold values of dwell time.	-The number of handoff failure and unnecessary handoff failure decreases with respect to velocity of MN. - Consideration of throughput gain can actually avoid futile handoff.	-Further optimization can be done by considering access cost, coverage range, reliability, and security etc.	--

3.2.9 Algoritmos VHO diversos

a) *Algoritmo VHO baseado no balanceamento de carga:* O balanceamento de carga em redes sem fio distribui os nós de maneira uniforme em todas as redes. A vantagem de fazer o balanceamento de carga é que o congestionamento numa determinada rede não ocorre. Este tipo de algoritmos é muito útil em redes heterogéneas. [SuKyoung Lee et. al. 2009] desenvolvem um algoritmo VHO que equilibra a carga global da rede entre todos os pontos de ligação, mas também maximiza o tempo de vida coletivo da bateria dos MN. No caso de

O sistema propõe um algoritmo de seleção de rotas para encaminhar os pacotes de dados para o ponto de ligação mais adequado, a fim de maximizar o tempo de vida da bateria colectiva e manter o equilíbrio da carga. Os parâmetros utilizados são o tempo de vida da bateria, a combinação de cargas como o débito de dados, a largura de banda, o preço e o consumo de energia por unidade de tempo, etc. Existem muitos esquemas de equilíbrio de carga disponíveis para a decisão de VHO em ambiente heterogéneo [Pourmina et al 2012, Ben Hassine Rym 2011].

b) Algoritmo VHO baseado em MIH: O grupo de trabalho IEEE 802.21 desenvolveu um handoff independente dos meios de comunicação para uma transferência de dados sem descontinuidades através de redes sem fios heterogéneas a nível do IP [Kenichi Taniuchi et al 2009, Behrouz Shahgholi 2013]. Existem vários esquemas disponíveis que utilizam MIH [Madalina Fiterau et al 2009, Y. Kim et al 2011, P. Neves et al 2011]. [Madalina Fiterau et al 2009] desenvolveu um algoritmo de handoff baseado em MIH, Quantified Adaptive Delay Selection (QADS), centrado no utilizador, que mantém níveis elevados de qualidade de serviço para os utilizadores móveis que efectuam handoff em ambientes sem fios heterogéneos. A sua função é resolver o problema da seleção independente da rede por vários terminais móveis. Os principais parâmetros utilizados são a taxa de transferência e a perda de dados. [P. Neves et al 2011] propõe um quadro de integração baseado na MIH para tecnologias heterogéneas. Aborda também um novo conceito de servidor de informação sensível ao contexto. O servidor é capaz de armazenar, gerir e fornecer esta informação do utilizador e da rede para um handoff adequado em HWNs.

QUADRO X

ALGORITMOS VHO DIVERSOS

Category of the Handoff Algorithm	Proposals of the Handoff Algorithm	Main Parameters	Description of the Handoff Algorithm	Main Feature of the Handoff Algorithm	Limitations of the Handoff Algorithm	Other References for the Handoff Algorithm
Load Balancing Based VHO Algorithm	[SuKyoung Lee et. al. 2009]	Battery lifetime, combination of load like data rate, bandwidth, price and power consumption per unit time.	-General VHO decision algorithm providing load balancing with maximizing battery lifetime as battery lifetime is directly proportional to data rate (load). -Compares many algorithms.	-Load balancing -Maximizing the battery life time. -General algorithm which can be extended to other networks also.	-No mobility is taken at the time of optimization decision.	[Pourmina et al 2012, Ben Hassine Rym 2011]
MIH Based VHO Algorithm	[Madalina Fiterau et al 2009]	Throughput and data loss	-Developed a MIH based, a user centric Quantified Adaptive Delay Selection (QADS) handoff algorithms which maintains high quality of service levels for mobile users performing handoff.	-Addresses the problem of multiple mobile terminal performing network selection independently.	-Application of intelligent algorithm can enhance the performance. -High resource consumption.	[Kenichi Taniuchi et al 2009, P. Neves et al 2011, Y. Kim et al 2011, Behrouz Shahgholi 2013]

Capítulo 4 Esquema de seleção de rede unificada

4.1 Introdução: Com base na síntese de algoritmos de handoff vertical de redes sem fios heterogéneas, construímos a nossa estratégia, denominada esquema de seleção de rede unificado para a seleção de rede em HetCRNs.

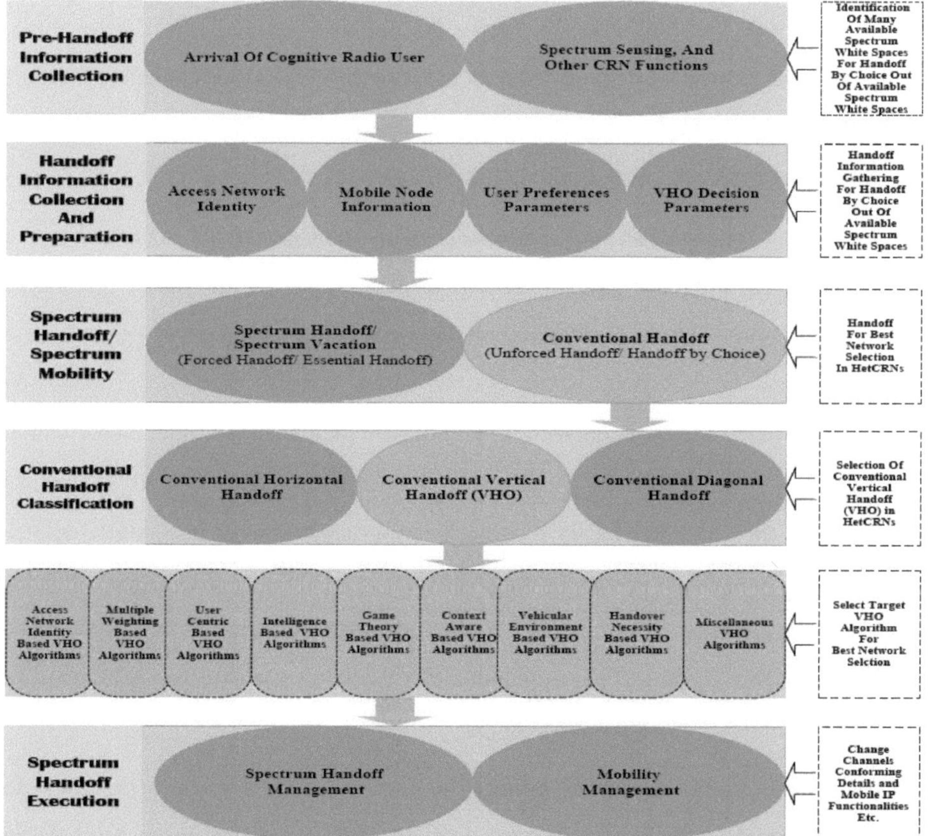

Fig. 9. Esquema proposto de seleção de rede unificada com base em redes sem fios heterogéneas algoritmos de handoff vertical para redes de rádio cognitivas heterogéneas

Aproveita as vantagens de todos os algoritmos de transferência vertical de redes sem fios heterogéneas para a melhor seleção de rede nas HetCRN, que é mostrada na Fig. 9 e explicada em etapas:

4.2 Recolha de informações antes do desligamento: É o primeiro passo que lida com a chegada do rádio cognitivo nas redes. A deteção do espetro é utilizada para identificar os espaços brancos. Este é um dos passos importantes para a melhor seleção da rede num ambiente de rede sem fios heterogéneo. Verifica-se que existem muitos espaços brancos disponíveis para a rádio cognitiva. Nessa situação, o utilizador tem a possibilidade de selecionar os melhores espaços brancos de entre os disponíveis. Nas redes sem fios da próxima geração, coexistem muitas redes sem fios heterogéneas. Assim, os espaços brancos disponíveis podem ser heterogéneos por natureza. Os rádios cognitivos têm a opção de selecionar o melhor espaço branco de entre os disponíveis, o que pode ser possível com a ajuda do handoff vertical.

4.3 Recolha e preparação das informações de transferência: A recolha e a preparação de informações sobre o handoff identificam os parâmetros de recolha de informações sobre o handoff e identificam a necessidade do handoff. É utilizada para recolher todas as informações necessárias para identificar a necessidade de transferência na mesma rede de acesso ou na nova rede de acesso, juntamente com a identidade da rede de acesso, os dispositivos móveis, o AP e as preferências do utilizador. A principal função da recolha de informações sobre o handoff inclui a identidade da rede de acesso, os parâmetros de decisão VHO, as informações sobre o nó móvel e os parâmetros relacionados com o utilizador. Por conseguinte, a recolha de informações sobre o handoff para o handoff por escolha entre os espaços brancos do espetro disponíveis é efectuada nesta etapa.

4.4 Transferência de espetro/mobilidade do espetro: Esta é a parte principal do conceito de gestão do handoff que trata do handoff do espetro ou da mobilidade do espetro nas HetCRN. É utilizado para determinar se e como realizar o handoff, seleccionando as redes de acesso mais adequadas com base em parâmetros de recolha de informações sobre o handoff, etc. O handoff do espetro surge principalmente devido ao aparecimento do utilizador primário. Trata-se basicamente do handoff vertical forçado e essencial que ocorre nas redes HetCRN, necessário para que os utilizadores secundários desocupem o canal para o utilizador principal. Quando é necessário mudar para outro PA ou célula da mesma rede sem fios/rede de rádio cognitiva, ocorre o handoff horizontal, como mostra a Fig. 9. Quando é necessário mudar para um ponto AP ou célula de acesso diferente das HetCRN, estas têm a possibilidade de selecionar os melhores espaços brancos de entre os disponíveis. As decisões de transferência vertical ocorrem como se mostra na Fig. 9. Basicamente, trata-se de uma transferência iniciada em função dos objectivos das CRN e das preferências dos utilizadores para a seleção da melhor rede. É exatamente como a transferência de espetro nas HetCRNs. A única diferença entre a transferência de espetro e a transferência vertical é que a transferência de espetro surge quando o utilizador principal aparece. O handoff de espetro é um handoff forçado que ocorre devido à presença do utilizador primário. A transferência vertical é apenas a transferência iniciada pelos CRN para selecionar a melhor rede de entre as disponíveis. As decisões sobre o VHO dependem principalmente do nó móvel e das características da rede. Assim, com base no nó móvel e nas características da rede, é selecionado o algoritmo VHO de destino para a melhor seleção de rede nas HetCRN, como mostra a figura 9. O outro tipo de handoff que ocorre é o handoff diagonal convencional, que é a combinação de handoffs horizontais e verticais. Assim, a etapa de mobilidade do espetro lida com a etapa de decisão de handoff nas HetCRNs.

4.5 Execução do Handoff de Espectro: É finalmente a etapa de atribuição de novos canais que é resolvida durante o handoff. Durante a execução do handoff, a nova estação base é adicionada; a potência e outros parâmetros são ajustados. Esta etapa ocorre após a decisão de handoff ser tomada nas HetCRNs.

Capítulo 5 Questões em aberto-Discussão

5.1 Introdução: Existem muitas lacunas de investigação ou questões em aberto na área do handoff vertical para a melhor seleção de rede. Por isso, resume-se que a investigação nesta área ainda está em falta e o mesmo foi tentado no presente trabalho.

5.1.1Otimização dos parâmetros de recolha de informações sobre o Handoff: Os parâmetros de recolha de informações sobre o handoff são recolhidos de forma estática nas redes antes de se efetuar o handoff. No entanto, esta estimativa não parece ser verdadeira em muitos cenários do mundo real, porque alguns dos parâmetros de decisão, como a SNR, a largura de banda disponível, o atraso do handoff, etc., mudam com o tempo. Por conseguinte, a VHO nas redes é deficiente, como a seleção errada da rede, etc. Esta situação levanta muitas questões de investigação importantes que têm de ser abordadas e que são as seguintes (a) Como escolher parâmetros de recolha de informações sobre o handoff mais robustos que conduzam a uma VHO adequada na rede? (b) Como escolher parâmetros de recolha de informações sobre o handoff com informações incompletas ou parciais sobre a rede? (c) Como escolher os parâmetros de recolha de informações sobre o handoff num cenário real?

5.1.2Otimização do algoritmo de seleção da rede alvo: O principal objetivo deste estudo é a seleção da rede de destino num ambiente de rede heterogéneo. Este estudo classifica os vários algoritmos de handoff para selecionar a melhor rede de entre as disponíveis. Mas há ainda algumas questões de investigação em aberto que devem ser abordadas no contexto dos algoritmos de seleção da rede de destino, a saber a) Como escolher um algoritmo de seleção da rede de destino VHO que seja robusto e conduza a uma VHO adequada numa rede com informações incompletas ou parciais? (b) Como escolher um algoritmo de seleção da rede-alvo VHO em cenários do mundo real?

5.1.3Normalização das soluções VHO: As actuais soluções de transferência vertical não foram concebidas para lidar com a complexidade da futura Internet, com novos serviços, configurabilidade da rede, mobilidade, interoperabilidade, segurança, personalização de serviços, adaptação de conteúdos, comportamento e gestão da rede. Até agora, não existe uma normalização das soluções VHO em ambientes heterogéneos a nível mundial. Por conseguinte, é necessário prestar uma atenção essencial à normalização das soluções VHO para a sua adoção uniforme a nível mundial. As soluções de Handoff devem ser desenvolvidas de modo a permitir que os seus utilizadores finais e fornecedores de serviços compreendam facilmente os cenários mundiais existentes e futuros da Internet ou das redes.

5.1.4Mecanismo de gestão da QoS: Devido às redes baseadas no IP, várias redes e serviços heterogéneos convergiram para uma única rede que suportará e acomodará classes de serviços distintas com garantias de QoS de extremo a extremo. Os algoritmos VHO devem ser desenvolvidos de forma a suportar configurações de rede heterogéneas flexíveis e a acomodar classes de serviços distintas com garantias de QoS de extremo a extremo para apoiar a continuidade do serviço, a coerência e a robustez das comunicações e dos serviços, o que torna imperativo rever os cenários e mecanismos de mobilidade numa nova arquitetura da Internet.

5.1.5Aplicação de estratégias adequadas de handoff múltiplo: Pode haver um cenário em que sejam necessários vários handoffs com base em várias aplicações e parâmetros utilizados. Nesse caso, uma única estratégia de transferência não é adequada para efetuar uma transferência adequada num ambiente de rede heterogéneo. Este tipo de situação surge em comboios, autocarros, etc., em que é necessário fazer o handoff de vários nós em conjunto. Várias propostas apresentam cenários de handoff vertical em grupo. No entanto, o problema continua a ser difícil. Os nós móveis podem ser cooperativos e não cooperativos numa situação deste tipo. Por conseguinte, podem ser aplicadas abordagens matemáticas, como a teoria dos jogos, etc., para encontrar uma solução para este tipo de cenários. A situação acima descrita torna-se mais difícil se for considerada uma rede adhoc sem fios heterogénea.

5.1.6Balanceamento de carga adequado: O equilíbrio da carga é uma questão muito importante na seleção de redes HetCRN. Os esquemas de equilíbrio de carga adequados distribuem as cargas de tráfego dos nós por vários canais primários. O rádio cognitivo pode adotar de forma inteligente o melhor esquema de decisão do espetro de acordo com o tempo de deteção e as condições de tráfego, etc. Assim, o tempo global do sistema pode ser melhorado. No entanto, podem ser alargadas algumas questões interessantes que incluem a heterogeneidade do canal, o padrão de tráfego baseado na probabilidade, a capacidade do canal, o ruído, etc.

5.1.7Estimativa de handoff desnecessária: A maior parte do trabalho de investigação centra-se em algoritmos de handoff optimizados em redes sem fios heterogéneas. No entanto, em muitas situações, as falhas de handoff e os handoffs desnecessários são despoletados, causando a degradação dos serviços. Reduzem o débito e aumentam a probabilidade de bloqueio e de perda de pacotes. Alguns trabalhos de investigação propõem um algoritmo de decisão de handoff vertical baseado na estimativa da necessidade dc handoff que minimiza o número de falhas de handoff e de handoffs desnecessários em redes sem fios heterogéneas. No entanto, a sua aplicação numa situação de seleção da melhor rede em HetCRNs continua a ser uma questão em aberto para a comunidade científica. O desafio é ainda maior se considerarmos as HetCRNs adhoc.

5.1.8Estimativa dos lucros: Foram apresentadas várias propostas baseadas em estratégias de handoff verticais baseadas em jogos cooperativos e não cooperativos em modo de infraestrutura. Neste caso, o modelo de licitação multi-tenderer é proposto entre os utilizadores móveis e as redes de acesso heterogéneas. Assim, o nó de modo escolhe a rede mais adequada em redes heterogéneas e, com base em vários parâmetros de QoS, de forma cooperativa e não cooperativa, para conseguir o equilíbrio da carga e o máximo retorno, respetivamente, em modo de infraestrutura. No entanto, a estimativa dos lucros continua a ser uma questão em aberto, sobretudo no que respeita à seleção de redes HetCRN. Deve haver um mecanismo de veracidade que se desenvolva num cenário de redes múltiplas para nós cooperativos e não cooperativos. Deve haver um mecanismo de veracidade justificado com base no historial, no presente e no futuro do nó móvel e das redes. Estes tipos de mecanismos não requerem qualquer informação do terminal móvel. A situação acima descrita pode ser analisada num tipo de rede adhoc heterogénea.

5.2 CONCULSÃO e DISCUSSÃO

Este livro apresenta os estudos e classificações pormenorizados dos algoritmos de handoff vertical das redes sem fios heterogéneas que podem ser aplicados às redes de rádio cognitivas heterogéneas para selecionar a melhor rede de entre as redes sem fios heterogéneas disponíveis. Os algoritmos estão divididos em nove categorias para simplificação com base nas características do nó móvel e das redes. Se estiver disponível um grande número de espaços brancos para os utilizadores primários, as redes de rádio cognitivas heterogéneas têm a possibilidade de selecionar a melhor rede em função das suas necessidades, de equilibrar a carga e de evitar transferências desnecessárias, tendo em conta a estimativa dos lucros. Assim, estes algoritmos convencionais de transferência vertical podem ser aplicados em redes de rádio cognitivas heterogéneas para selecionar a melhor rede de entre as disponíveis.

No final, é proposto um esquema de seleção de rede baseado em algoritmos convencionais de handoff vertical em redes de rádio cognitivas heterogéneas. No trabalho em curso, o livro propõe um handoff vertical sofisticado centrado na melhor seleção de rede que pode ser aplicado numa infraestrutura de rede interessante, designada por redes de rádio cognitivas heterogéneas. Este trabalho pretende responder a desafios de handoff vertical como flexibilidade, eficiência, sem emendas, automação e otimização de desempenho com estimativa de lucro.

Bibliografia

1. Kumar K., Prakash A., Tripathi R., "Spectrum Handoff in Cognitive Radio Networks: A Classification and Comprehensive Survey", Journal of Network and Computer Applications, Elsevier, vol. 61, pp. 161-181, 2016.

2. Kumar K., Prakash A., Tripathi R., "A Spectrum Handoff Scheme for Optimal Network Selection in Cognitive Radio Vehicular Networks: A Game Theoretic Auction Theory Approach", Physical Communications, Elsevier, vol. 24, pp. 19-33, 2017.

3. Kumar K., Prakash A., Tripathi R., "A Spectrum Handoff Scheme with Multiple Attributes Decision Making for Optimal Network Selection in Cognitive Radio Networks", Digital Communications and Networks, Elsevier. vol. 3, Issue. 3, pp. 1933, 2017.

4. Kumar K., Prakash A., Tripathi R., "A Spectrum Handoff Scheme for Optimal Network Selection in NEMO based Cognitive Radio Vehicular Networks", Wireless Communications and Mobile Computing, Joint Wiley and Hindawi Publishing Corporation, vol. 2017, pp.1-16, 2017.

5. Kumar K., Prakash A., Tripathi R., "Context Aware Spectrum Handoff Scheme in Cognitive Radio Vehicular Networks", edição especial sobre avanços em redes de comunicação veiculares e subaquáticas, International Journal of Adhoc and Ubiquitous Computing, Inderscience, vol. 24, no.1/2, pp.101-116, 2017.

6. C. J. Kim, J. Kim e C. Pyo, "Dynamic Spectrum Access/Cognitive Radio Activities in Korea", em Proc. IEEE Symp. New Frontiers in Dynamic Spectrum, abril de 2010.

7. W. Jouini, Christophe e J. Palicot, "Decision making for cognitive radio equipment: analysis of the first 10 years of exploration", EURASHIP Journal on Wireless Communication and Networking, 2012. Disponível: http://j wcn.eurasipj ournals. com/content/2012/1/26.

8. H. Bezabih, B. Ellings^ter, J. Noll e T. Maseng, "Digital broadcasting: Increasing the white space spectrum using TV receiver information", IEEE Vehicular Technology Magazine, pp. 24-30, março de 2012.

9. C. R. Stevenson, G. Chouinard, Z. Lei, W. Hu, S. J. Shellhammer e W. Caldwell, "IEEE 802.22: The first cognitive radio wireless regional area network standard", revista IEEE Communications, pp 130-138, abril de 2009.

10. J. Mitola e G. Q. Maguire, "Cognitive radio: Making software radios more personal," IEEE Personal Communications, vol. 6, no. 4, pp. 13-18, agosto, 1999.

11. I. F. Akyildiz, W. Lee, M. C. Vuran e S. Mohanty, "A Survey on spectrum management in cognitive radio networks", IEEE Communication Magazine, pp. 4048, abril de 2008.

12. Lu Lu, Xiangwei Zhou, Uzoma Onunkwo e Geoffrey Ye Li, "Ten years of research in spectrum sensing and sharing in cognitive radio," EURASIP Journal on Wireless Communication and Networking, 2012. Disponível: http: //j wcn. eurasipj ournals.com/content/2012/1/28.

13. K.L. Haldar, C. Ghosh, D. P. Agrawal, "Dynamic Spectrum access and network selection in heterogeneous cognitive wireless networks", Pervasive and Mobile computing, pp. 484-497, 2012.

14. I.F. Akyildiz, W. Y. Lee, K. R. Chowdhury, "CRAHNs: Cognitive radio ad hoc networks", Ad Hoc Network, pp. 810-836, 2009.

15. Yan Zhang et. al., "Cognitive Radio Networks", CRC Press, 2010.

16. I.F. Akyildiz, W. Y. Lee, K. R. Chowdhury, "Spectrum management in cognitive radio ad hoc networks", IEEE networks, pp. 6-12, julho/agosto de 2009.

17. J. M. Barja, C. T. Calafate, J. C. Cano e P. Manzoni, "An overview of vertical handover techniques: Algoritmos, protocolos e ferramentas", Computer Communications 34, pp. 985-997, 2011.

18. K. Piamrat, A. Ksentini, J. M. Bonnin e C. Viho, "Radio resource management in emerging heterogeneous wireless networks," Computer Communications, pp. 10661076, 2011.

19.I. Al-Surmi, M. Othman e B. MohdAli, "Mobility management for IP-based next generation mobile networks: Review, challenge and perspective", Journal of Network and Computer Applications, pp. 295-315, 2012.

20. L. Wang e G. Kuo, "Mathematical Modeling for Network Selection in Heterogeneous Wireless Networks-A Tutorial", IEEE Communications Surveys & Tutorials, vol. 15, no. 1, pages. 271-292, Primeiro trimestre de 2013.

21. A. Ahmed, L. M. Boulahia, e D. Gaiti, "Enabling Vertical Handover Decisions in Heterogeneous Wireless Networks: A State-of-the-Art and A Classification", IEEE Communications Surveys & Tutorials, Accepted For Publication", agosto de 2013.

22. M. Kassar, B. Kervella, and Guy Pujolle, "An overview of vertical handover decision strategies in heterogeneous wireless networks," Computer Communications, vol. 31, no. 10, pp. 2607 - 2620, 2008.

23. Xiaohuan Yan, Y. Ahmet Sekercioglu e Sathya Narayanan, "A survey of vertical handover decision algorithms in Fourth Generation heterogeneous wireless networks" Computer Networks, pp. 1848-1863, 2010.

24. E. S. Navarro, V. S. Mansouri, e V. W. S. Wong, "Handoff Management and Admission Control Using Virtual Partitioning with Pre-emption in 3GCellular/802.16e Interworking," 2010, IEEE Transactions On Vehicular Technology, vol. 59, no. 1,pp.431-445, janeiro de 2010.

25. A.H. Zahran, B. Liang, A. Saleh, "Signal threshold adaptation for vertical handoff in heterogeneous wireless networks," Mobile Networks and Applications, vol.11, no.54, pp.650-654, novembro de 2006.

26.5.Mohanty e I.F. Akyildiz, "A cross-layer (layer 2 + 3) handoff management protocol for next-generation wireless systems", IEEE Transactions on Mobile Computing 5 vol. 10, no. 23, pp. 1347-1360, julho de 2006.

27. X. Yan, N. Mani e Y. A. Sekercioglu, "A traveling distance prediction based method to minimize unnecessary handovers from cellular networks to WLANs," IEEE Communications Letters, vol. 12, no. 1, pp. 14-16, janeiro de 2008.

28. A. Panda, S. K. Patra e D P Acharya, "Received Signal Strength Based Vertical Hand Off Scheme for K-Tier Heterogeneous Networks", 2013 International Conference on Communication Systems and Network Technologies, pp 327-331, 2013.

29.5.Liu, P.Su e Z. Mi, "Research on vertical handoff decision based on service history information and SINR for heterogeneous wireless networks", Telecommun Syst, julho de 2013.

30. T. M. Ali e M. Saquib, "Analytical Framework for WLAN-Cellular Voice Handover Evaluation", Mobile Computing, IEEE transactions on mobile computing, vol. 12, no. 3, pp.447-460, março de 2013.

31. R. Corvaja, "QoS Analysis in Overlay Bluetooth-WiFi Networks with Profile-Based Vertical Handover," IEEE Transactions on Mobile Computing, vol. 5, n.º 12, pp.1679-1690, dezembro de 2006.

32. A. A. Bathich, M. D. Baba e M. Ibrahim, "IEEE 802.21 Based Vertical Handover in WiFi and WiMAX Networks," 2012 IEEE Symposium on Computers & Informatics, páginas.140-144, março de 2012.

33. V. Pla e V. Casares-Giner, "Effect of the handoff area sojourn time distribution on the performance of cellular networks", Mobile and Wireless Communications Network, 2002. 4th International Workshop on, páginas 401-405, 2002.

34. G. P. Pollini, "Trends in handover design", IEEE Communications Magazine, vol. 34, no. 3, pp. 82-90, março de 1996.

35. C. W. Lee, Li M. Chen, M. C. Chen, e Y. S. Sun, "A framework of handoffs in wireless overlay networks based on mobile IPv6," IEEE Journal on Selected Areas in Communications, vol. 23, no. 11, pp. 2118- 2128, maio de 2005.

36. K. Yang, I. Gondal, B. Qiu e L. S. Dooley, "Combined SINR based vertical handoff algorithm for next generation heterogeneous wireless networks", In Proceedings of the 2007 IEEE Global Telecommunications Conference (GLOBECOM'07), pp. 4483-4487, novembro de 2007.

37. K. Han, Y. Seo, S.Yoon, J. J. Park e T. Shon, "Providing security vertical handoff in SARAH for heterogeneous networks", Journal of Network and Computer Applications, pp. 1903-1907, 2011.

38. N. Rastogi, Q. Zeng e Xiaolong Li, "Secure Scheme during Vertical Handoff in Integrated Heterogeneous Wireless Systems", Wireless Telecommunications Symposium (WTS), pp.1-5, 2011.

39. H. Wang e A. R. Prasad, "Security context transfer in vertical handover," Personal, Indoor and Mobile Radio Communications, 2003. PIMRC 2003. 14th IEEE Proceedings on, vol:3, pages. 2775 - 2779, Sept. 2003.

40. W. Wong, M. Giral di, M.F. Magalhaes and F.L Verdi, " An Identifier-Based Architecture for Native Vertical Handover Support", Advanced Information Networking and Applications (AINA), 2010 24th IEEE International Conference on, pages.252-259,April 2010.

41. M. Aiash, G. Mapp, A. Lasebae, R. Phan e J. Loo, "A formally verified AKA protocol for vertical handover in heterogeneous environments using Casper/FDR", EURASIP Journal on Wireless Communications and Networking, 2012.

42. C. Chi, X. Cai, R. Hao, e F. Liu, "Modeling and analysis of handover algorithms," In Proceedings of the 2007 IEEE Global Telecommunications Conference (GLOBECOM'07), pp. 4473-4477, novembro de 2007.

43. H. Wang, R. Katz, J. Giese, Policy-enabled handoffs across heterogeneous wireless networks, Second IEEE Workshop on Mobile Computing Systems and Applications, pp. 51-60 1999.

44. Navid Mirmotahhary, Yasser Mafinejad, Faramarz Atbaei e Abbas kouzani, "An adaptive Policy-Based Vertical Handoff algorithm for Heterogeneous Wireless Networks", IEEE 8th International Conference on Computer and Information Technology Workshops, pp. 188-193, 2008.

45. A. Hasswa, N. Nasser, e H. Hossanein, "Generic vertical handoff decision function for heterogeneous wireless networks," in 2nd IFIP International Conference on Wireless and Optical Communications Networks. IEEE Computer Society, pp. 239243, 2005.

46. A. Hasswa, N. Nasser, e H. Hassanein, "Tramcar: A context-aware cross-layer architecture for next generation heterogeneous wireless networks," in IEEE International Conference on Communications, vol. 1, pp. 240-245, 2006.

47. N. Nasser, A. Hasswa e H. Hassanein, "Handoffs in fourth generation heterogeneous networks", IEEE Communication Mag., vol. 44, n.º 10, pp. 96 -103, 2006.

48. W. Chen, J. Liu, H. Huang, "An adaptive scheme for vertical handoff in wireless overlay networks," in Proceedings on the 10th International Conference on Parallel and Distributed Systems, pp. 541-548, 2004.

49. F. Zhu, J. McNair, "Optimizations for vertical handoff decision algorithms," in IEEE Wireless Communications and Networking Conference, 2004 ,vol. 2, pp. 867-872, 2004.

50. A. Calvagna, G. Di Modica, "A user-centric analysis of vertical handovers, in: Proceedings of the Second ACM International Workshop on Wireless Mobile Applications and Services on WLAN Hotspots, pp. 137-146, 2004.

5 1.Stefan Michaelis e Christian Wietfeld, "Comparison of User Mobility Pattern Prediction Algorithms to increase Handover Trigger Accuracy" Vehicular Technology Conference, vol:2, pp.952 - 956, 2006.

52. Jae-il Jung, Jaeyeol Kim, Younggap You "Mobility Prediction Handover Using User Mobility Pattern and Guard Channel Assignment Scheme" in the Proceedings Universal Multiservice Networks Third European Conference ECUMN 2004, Porto, Portugal, pp. 155-164, outubro de 2004: 155-164, outubro, 2004.

53. Z. Ozturk, "A Review of Multi Criteria Decision Making with Dependency between Criteria", Proceeding of MCDM 2006, Chania, Grécia, junho de 2006.

54. Wenhui Zhang, "Handover decision using fuzzy MADM in heterogeneous networks", in proc. IEEE Wireless Communications and Networking Conf. vol. 2, pp. 653-658, março de 2004.

55. Vasu Kantubukta, Sumit Maheshwari, Sudipta Mahapatra, Cheruvu Siva Kumar, "Energy and quality of service aware FUZZY-technique for order preference by similarity to ideal solution based vertical handover decision algorithm for heterogeneous wireless networks", Networks, IET ,vol:2 ,issue: 3, Aug 2013.

56. A. Calvagna, G. Di Modica, "A user-centric analysis of vertical handovers, in: Proceedings of the Second ACM International Workshop on Wireless Mobile Applications and Services on WLAN Hotspots, pp. 137-146, 2004.

57. P. Chan, Y. Hu e R. Sheriff, "Implementation of fuzzy multiple objective decision making algorithm in a heterogeneous mobile environment," in Proc. IEEE Wireless Commun. and Netw. Conference, pp. 332-336, 2002.

58. S. Kher, A. K. Somani e R. Gupta, "Network selection using fuzzy logic," in Proc. Int. Conf. Broadband Networks (Broadnets), pp. 876-885, 2005.

59. A. Ezzouhairi, A. Quintero, and S. Pierre, "A fuzzy decision making strategy for vertical handoffs," in Canadian Conference on Electrical and Computer Engineering,

IEEE Computer Society, 4-7, pp. 583 -588, 2008.

60. Bin Ma e Xiaofeng Liao, "Speed-Adaptive Vertical Handoff Algorithm Based on Fuzzy Logic in Vehicular Heterogeneous Networks", 2012 9th International Conference on Fuzzy Systems and Knowledge Discovery, pp. 371-374, 2012.

61. P. Bhattacharya, "Application of artificial neural network in cellular handoff management," in International Conference on Conference on Computational Intelligence and Multimedia Applications. IEEE Computer Society, 13-15, pp. 237 - 241, 2007.

62. N. Nasser, S. Guizani, e E. Al-Masri, "Middleware vertical handoff manager: A neural network-based solution," in IEEE International Conference on Communications, 24-28, pp. 5671 -5676, 2007.

63. S. Horrich, S. Ben Jamaa e P. Godlewski, "Adaptive vertical mobility decision in heterogeneous networks", na 3ª Conferência Internacional sobre Comunicações Móveis e Sem Fios, 2007.

64. Ali Calhan, Celal Ceken, "Artificial Neural Network Based Vertical Handoff Algorithm for Reducing Handoff Latency", Wireless Personal Communications, vol.

7, pp 2399-2415, agosto de 2013.

65. P. Tran e N. Boukhatem, "Comparison of MADM decision algorithms for interface selection in heterogeneous wireless networks," 16th International Conference on Software, Telecommunications and Computer Networks, 2008, pp. 119 -124, 2008.

66. Deng Julong "Introduction to grey system," The Journal of Grey System (UK), pp: 124. 1989.

67. E. Stevens-Navarro et.al., "Comparison between vertical handoff decision algorithms for heterogeneous wireless networks", em Proceedings of IEEE Vehicular Technology Conference, vol. 2, pp. 947-951, 2006.

68. F. Bari e V. C. M. Leung, "Application of ELECTRE to network selection in a

heterogeneous wireless network environment," in Proc. IEEE Wireless Commun. and Netw. Conf. pp. 3810-3815, 2007.

69. Yi Wen-de, Wei Gui-wu, "An Algorithmic Method to Extend Grey Relational Analysis for Decision Making Problems with Interval Weight" 2007 International Conference on Management Science & Engineering (14th), Harbin, P.R.China, pp:549-554 August, 2007.

70. Beibei Wang e K. J. Ray Liu, "Advances in Cognitive Radio Networks: A Survey", IEEE Journal of Selected Topics in Signal Processing, vol. 5, no. 1 pp.5 -23, fevereiro de 2011.

71. Liu et al. "Intelligent spectrum assignment and migration in cognitive radio network," EURASIP Journal on Wireless Communications and Networking 2013.

72. Q.-T. Nguyen-Vuong, N. Agoulmine, and Y. Ghamri-Doudane, "User-centric and context-aware solution to interface management and access network selection in heterogeneous wireless environments," Computer Networks, vol. 52, no. 18, pp. 3358 - 3372, 2008.

73. M. Zekri, B. Jouaber, and D. Zeghlache, "A review on mobility management and vertical handover solutions over heterogeneous wireless networks," Computer Communications, vol. 35, no. 17, pp. 2055 -2068, 2012.

74. K. Pahlavan, P. Krishnamurthy, A. Hatami, M. Ylianttila, J. Makela, R. Pichna e J. Vallstron, "Handoff in hybrid mobile data networks", IEEE Personal Communication, vol. 7, n.º 2, pp. 34-47, 2000.

75. A. H. Zahran, B. Liang, and A. Saleh, "Signal threshold adaptation for vertical handoff in heterogeneous wireless networks," Mobile Network Application, vol. 11, no. 4, pp. 625-640, 2006.

76. J. McNair e F. Zhu, "Vertical handoffs in fourth-generation multinetwork environments," IEEE Wireless Commun., vol. 11, no. 3, pp. 8-15, junho de 2004.

77. B.-J. Chang e J.-F. Chen, "Cross-layer-based adaptive vertical handoff with predictive RSS in heterogeneous wireless networks", IEEE Trans. On Veh. Technol., pp.3679-3692, 2008.

78. Aggeliki Sgora, and Dimitrios D. Vergados, "Handoff Prioritization and Decision Schemes in Wireless Cellular Networks: a Survey" IEEE Communications Surveys & Tutorials, vol. 11, no. 4, Fourth quarter, pp.57-77, 2009.

79. J. Martinez-Morales, U. Pineda-Rico e E. Stevens-Navarro, "Performance comparison between MADM algorithms for vertical handoff in 4G networks," in 2010 7th International Conference on Electrical Engineering, Computing Science and Automatic Control (CCE 2010) Tuxtla Gutiérrez, Chiapas, México, pp. 309 -314. setembro de 2010.

80. Mohamed Lahby, Leghris Cherkaoui, Abdellah Adib, "New optimized network selection decision in heterogeneous wireless networks", International journal of computer applications,vol. 54, no. 16, Sep. 2012.

81. Zoran Damljanovic, "Mobility Management Strategies in Heterogeneous Cognitive Radio Networks", Journal of Network System Management, pp.1-22 2009.

82. H.L. Wang e S.J. Kao, "A vertical handover scheme from WMAN to WLAN by taking into account the maximum available resource," 6th International Conference on Computer Science Education , pp. 1373 -1378, 2011.

83. J. McNair e F. Zhu, "Vertical handoffs in fourth-generation multinetwork environments," IEEE Wireless Commun., vol. 11, no. 3, pp. 8-15, junho de 2004.

84. X. Xu, Z. Hao, X. Tao, Y. Wang e Z. Zhang, "Maximum utility principle slide handover strategy for multi-antenna cellular architecture," in Vehicular Technology Conference, pp.1-5, 2008.

8 5.O. Ormond, J. Murphy, e G.-M. Muntean, "Utility-based intelligent network selection in beyond 3G systems", em ICC '06. Conferência Internacional do IEEE sobre

Comunicações, vol. 4, pp. 1831 -1836, junho de 2006.

86. H. Wang, L. Ding, P. Wu, Z. Pan, N. Liu, e X. You, "Dynamic load balancing and throughput optimization in 3GPP LTE networks," in Proc. 6th International Wireless Communications and Mobile Computing Conference, pp. 939-943, 2010.

87. J. M. Lee, O. S. Yang, J. K. Choi, J. I. Lim, e V. Heo, "Handover decision algorithm for fixed to mobile handover in heterogeneous networks," in Wireless Communications, Networking and Mobile Computing, International Conference on, pp. 1-4, 2006.

88. N. D. Tripathi, Generic adaptive handover algorithms using fuzzy logic and neural networks, Ph.D. Dissertation, Virginia Polytechnic Inst. and State Univ., Blacksburg, VA, 1997.

89. L. A. Zadeh, "Fuzzy sets," Information and Control, vol. 8, no. 3, pp.338-353, 1965.

90. J. Hou e D. C. O'Brien, "Vertical handover decision making algorithm using fuzzy logic for the integrated Radio-and-OW system," IEEE Trans. Wireless Commun., vol. 5, no. 1, pp. 176-185, Jan. 2006.

91. H. Attaullah, F. Iqbal, e M. Javed, "Intelligent vertical handover decision model to improve QOS," in 3rd International Conference on Digital Information Management, pp. 119 -124, 2008.

92. K. Pahlavan, P. Krishnamurthy, A. Hatami, M. Ylianttila, J. Makela, R. Pichna, J. Vallstron, "Handoff in hybrid mobile data networks", IEEE Personal Communications, pp.34-47, abril de 2000.

93. J. Makela, M. Ylianttila, K. Pahlavan, "Handoff decision in multiservice networks," in The 11th IEEE International Symposium on Personal, Indoor and Mobile Radio Communications, 2000 (PIMRC 2000), vol. 1, pp. 655-659, 2000.

94. Q. Guo, J. Zhu, X. Xu, "An adaptive multi-criteria vertical handoff decision

algorithm for radio heterogeneous network", in IEEE International Conference on Communications, 2005 (ICC 2005), vol. 4, pp. 2769-2773, 2005.

95. Q. Wei, K. Farkas, C. Prehofer, P. Mendes, B. Plattner, "Context aware handover using active network technology", Computer Networks, pp.2855-2872, 2006.

96. S. Balasubramaniam, J. Indulska, "Vertical handover supporting pervasive computing in future wireless networks", Computer Communications, pp. 708-719, 2004.

97. Q. Song e A. Jamalipour, "A quality of service negotiation-based vertical handoff decision scheme in heterogeneous wireless systems," European Journal of Operational Research, vol. 191, no. 3, pp. 1059-1074, 2008.

98. Song, Q., Jamalipour, A., "Network selection in an integrated wireless LAN and UMTS environment using mathematical modeling and computing techniques", IEEE Wireless Communications Magazine, pp. 42-48, 2005.

99. Sutton, R., Barto, A. "Reinforcement Learning: An introduction", MIT Press, Cambridge, 1998.

100. T. Ahmed, K. Kyamakya, e M. Ludwig, "A context-aware vertical handover decision algorithm for multimode mobile terminals and its performance," in Proceedings of the IEEE/ACM Euro American Conference on Telematics and Information Systems (EATIS 2006), pp. 19-28, 2006

101. E. H. Ong e J. Y. Khan, "Cooperative radio resource management framework for future IP-based multiple radio access technologies environment," Comput. Netw., vol. 54, no. 7, pp. 1083-1107, 2010.

102. A. Ahmed, L. Merghem-Boulahia, e D. Gati, "Cooperative agent based vertical handover scheme for heterogeneous networks," in 2010 Sixth Advanced International Conference on Telecommunications (AICT), , pp. 410 -415, 2010.

103. Hyun-Ho Choi, Dong-Ho Cho, "On the Use of Ad Hoc Cooperation for Seamless

Vertical Handoff and Its Performance Evaluation," Mobile Netw Appl, pp. 750766,2010.

104. Hyun-Ho Choi, Jong Bu Lim, Hyosun Hwang, e Kyunghun Jang, "Optimal Handover Decision Algorithm for Throughput Enhancement in Cooperative Cellular Networks", Vehicular Technology Conference Fall (VTC 2010-Fall), pp.1-5, Sep 2 010.

105. A. Ahmed, L. Boulahia, D. Gati, e R. Amoud, "Towards a knowledge-based intelligent handover in heterogeneous wireless networks," in 2010 IEEE 35th Conference on Local Computer Networks (LCN), pp. 284 -287, 2010.

106. J.-Y. Hong, E.-h. Suh, e S.-J. Kim, "Context-aware systems: A literature review and classification," Expert Syst. Appl., vol. 36, no. 4, pp. 8509-8522, 2009.

107. C.-Y. Wang, H.-Y. Huang, e R.-H. Hwang, "Mobility management in ubiquitous environments," Personal Ubiquitous Comput., vol. 15, no. 3, pp. 235-251, 2 011.

108. Kaveh Shafiee et. al. "Optimal Distributed Vertical Handoff Strategies in Vehicular Heterogeneous Networks," IEEE journal of selected area in communications, vol 29, no 3, páginas 534-544, março de 2011.

109. Prakash, A. et. al. "Vehicle assisted cross-layer handover scheme in NEMO-based VANETs (VANEMO)," Int. J. Internet Protocol Technology, vol. 6, nos. 1/2, pp.8395, 2011.

110. Prakash, A., Verma, R., Tripathi, R. e Naik, K., "A seamless handover scheme for vehicles across heterogeneous networks," Int. J. Communication Networks and Distributed Systems, Vol. 8, Nos. 1/2, pp.4-23, 2012.

111. Arun Prakash e Rajeev Tripathi, "Vehicular Ad Hoc Networks toward Intelligent Transport Systems", Actas da "TENCON-2008", Conferência Internacional da Região 10 do IEEE, Hyderabad, Índia, 19-21, pp.1-6, novembro de 2008.

112. Kun Zhu, Dusit Niyato, Ping Wang, Ekram Hossain, e Dong In Kim, "Mobility

and Handoff Management in Vehicular Networks: A Survey", Comunicações sem fios e computação móvel, pp: 1-20, 2009.

113. Lei Sun, et. al. "Decision-making models for group vertical handover in vehicular Communication, "Telecommunication System, pp.257-266, Dec 2010.

114. Wang Xiaonan, e Qian Huanyan, "Solução de gestão da mobilidade para redes veiculares baseadas no IPv6", Computer Standards & Interfaces 36, pp: 66-75, 2013.

115. Dusit Niyato e Ekram Hossain, "Dynamics of Network Selection in Heterogeneous Wireless Networks: An Evolutionary Game Approach", IEEE Transactions On Vehicular Technology, vol. 58, no. 4, pp.2008-2017, maio de 2009.

116. Ahmad Awada, Bernhard Wegmann, Ingo Viering e Anja Klein, "A Game-Theoretic Approach to Load Balancing in Cellular Radio Networks" 2010 IEEE 21st International Symposium on Personal Indoor and Mobile Radio Communications, pp.1184-1189, 2010.

117. Xingwei Liu et. al., "A bidding model and cooperative game-based vertical handoff decision algorithm" Journal of Network and Computer Applications, pp.1263-1271, 2011.

118. Issaka Hassane Abdoulaziz et. al., "Handover Necessity Estimation for 4G Heterogeneous Networks" International Journal of Information Sciences and Techniques (IJIST) vol 2, N\no. 1,pp.1216-1271, janeiro de 2012.

119. V. K. Varma, S. Ramesh, K. D. Wong e J. A. Friedhoffer "Mobility management in integrated UMTS/WLAN networks" (Gestão da mobilidade em redes UMTS/WLAN integradas). In Proceeding of the 2003 IEEE International Conference on Communications ICC'03, pp. 1048-1053, 2003.

120. Riaz Hussain, Shahzad A. Malik, Shafayat Abrar, Raja A. Riaz, Hassan Ahmed, Shahid A. Khan, "Vertical Handover Necessity Estimation Based on a New Dwell Time Prediction Model for Minimizing Unnecessary Handovers to a WLAN Cell",

Wireless Personal Communications, vol 71, Issue 2, pp 1217-1230, julho de 2013.

121. SuKyoung Lee, Kotikalapudi Sriram, Kyungsoo Kim, Yoon Hyuk Kim, e Nada Golmie, "Vertical Handoff Decision Algorithms for Providing Optimized Performance in Heterogeneous Wireless Networks" IEEE Transactions on Vehicular Technology, vol. 58, no. 2, pp.865-881, fevereiro de 2009.

122. Pourmina e Mir Motahhary, "Load balancing algorithm by vertical handover for integrated heterogeneous wireless networks", EURASIP Journal on Wireless Communications and Networking, pp.1-17, 2012. Disponível: http://j wcn.eurasipj ournals. com/content/2012/1/14

123. Ben Hassine Rym e Meriem Afif, "Política de balanceamento de carga para transferência vertical entre 3G/WiMAX", Wireless and Mobile Networking Conference (WMNC), pp.1-6, 2011.

124. Kenichi Taniuchi, Yoshihiro Ohba, Victor Fajardo, Subir Das, Miriam Tauil, Yuu-Heng Cheng, Ashutosh Dutta, Donald Baker, Maya Yajnik e David Famolari, "IEEE 802.21: Media Independent Handover: Features, Applicability, and Realization", IEEE Communications Magazine, pp.112-120, janeiro de 2009.

125. Behrouz Shahgholi Ghahfarokhi e Naser Movahhedinia, "A survey on applications of IEEE 802.21 Media Independent Handover framework in next generation wireless networks," Computer Communications, pp. 1101-1119,2013.

126. Madalina Fiterau, Olga Ormond e Gabriel-Miro Muntean, Gabriel-Miro Muntean, "Performance of Handover for Multiple Users in Heterogeneous Wireless Networks," 2009 IEEE 34th Conference on Local Computer Networks (LCN 2009), pp. 257-260, outubro de 2009.

127. Y. Kim, S. Pack, C. G. Kang e S. Park, "An enhanced information server for seamless vertical handover in IEEE 802.21 MIH networks", Computer Network, vol. 55, n.º 1, pp. 147-158, 2011.

128. P. Neves, J. a. Soares, S. Sargento, H. Pires, and F. Fontes, "Context aware media independent information server for optimized seamless handover procedures," Computer Network, vol. 55, no. 7, pp. 1498-1519, 2011.

129. M. Liu, Z. Li, X. Guo e E. Dutkiewicz "Performance analysis and optimization of handoff algorithms in heterogeneous wireless networks" (Análise de desempenho e otimização de algoritmos de transferência em redes sem fios heterogéneas). IEEE Transactions on Mobile Computing, vol. 7, n.º 7, pp. 846-857, 2008.

Printed by Books on Demand GmbH, Norderstedt / Germany